KB107004

조선총독부 편찬 (1923~1924)

『普通學校國語讀本』
第二期 한글번역 ❺
(6학년용)

김순전 · 박장경 · 김현석 譯

제이앤씨
Publishing Company

≪ 목차 ≫

序文

1. '조선총독부 편찬(1923~1924)
『普通學校 國語讀本』 第二期 한글번역' 발간의 의의

　베네딕트 앤더슨은 '국민국가'란 절대적인 존재가 아니라 상대적인 것이
며 '상상된 공동체'라 하였는데, 이러한 공동체 안에서 국민국가는 그 상대
성을 극복하기 위하여 학교와 군대, 공장, 종교, 문학 그 밖의 모든 제도와
다양한 기제들을 통해 사람들을 국민화 하였다. '근대국가'라는 담론 속에
서 '국민'이란 요소는 이미 많은 사람들에 의해 연구되어져 왔고, 지금도
끊임없이 연구 중에 있다. 근대 국민국가의 이러한 국민화는 '국가'라는 장
치를 통해 궁극적으로는 국가의 원리를 체현할 수 있는 개조된 국민을 이
데올로기 교육을 통하여 만들어 내는 데 있다.

　교과서는 무릇 국민교육의 정화(精華)라 할 수 있으며, 한 나라의 역사진
행과 불가분의 관계를 가지고 있다. 따라서 교과서를 통하여 진리탐구는
물론, 사회의 변천 또는 당시의 문명과 문화 정도를 파악할 수 있고, 무엇
보다 중요한 한 시대의 역사 인식 즉, 당시 기성세대는 어떤 방향으로 국민
을 이끌어 가려 했고, 그 교육을 받은 세대(世代)는 어떠한 비전을 가지고
새 역사를 만들어가려 하였는지도 판독할 수 있다. 이렇듯 한 시대의 교과

서는 후세들의 세태판독과 미래창조의 설계를 위한 자료적 측면에서도 매우 중요하다.

이에 일제강점기 조선의 초등학교에서 사용되었던 朝鮮總督府 編纂 『普通學校國語讀本』(1923～1924) 번역서를 정리하여 발간하는 일은 한국근대사 및 일제강점기 연구에 크게 기여할 수 있는 필수적 사항이다. 이는 그동안 사장되었던 미개발 자료의 일부를 발굴하여 체계적으로 정리해 놓는 일의 출발로서 큰 의의가 있을 것이다. 이로써 한국학(韓國學)을 연구하는 데 필요한 자료를 제공함은 물론, 나아가서는 1907년부터 1945년 8월까지 한국에서의 일본어 교육과정을 알 수 있는 자료적 의미도 크다. 특히 1960년대부터 시작된 한국의 일본학연구 분야에서 새로운 지평을 여는 데 하나의 방향 및 대안을 제시할 수 있으리라 생각한다.

우리는 지금까지 "일본이 조선을 강제로 합병하여 식민통치를 했다."는 개괄적인 이야기는 수없이 들어왔으나, 그에 대한 구체적인 사례나 실체는 볼 수 없었거나 드물었다고 할 수 있을 것이다.

따라서 일제강점기 조선아동용 일본어 입문 교과서인 『普通學校國語讀本』에 대한 재조명은 '일본이 조선에서 일본어를 어떻게 가르쳤는가?'를 실제로 보여주는 작업이 될 것이며, 또한 이 시대를 사는 우리들이 과거 긴박했던 세계정세의 흐름을 돌아봄으로써 오늘날 급변하는 세계에 대처해 나갈 능력을 키울 수 있으리라고 본다. 이를 기반으로 일제의 식민지정책의 변화 과정과 초등교과서의 요소요소에 스며들어 있는 일본문화의 여러 양상을 구체적으로 파악하고, 새로운 시점에서 보다 나은 시각으로 당시의 모든 문화와 역사, 나아가 역사관을 구명할 수 있는 기초자료로 활용되기를 기대한다.

2. 근대 조선의 일본어 교육

1) 일본의 '国語' 이데올로기

근대에 들어와서 국가는 소속감, 공통문화에 대한 연대의식과 정치적 애국심을 바탕으로 강력한 국민국가의 형태로 나타나게 되었고, 외세의 침입으로부터 국가를 보호하기 위해 국민을 계몽하고 힘을 단합시키는 데 국가적 힘을 결집하게 된다. 그리고 국가가 필요로 하는 국민을 만들기 위해 공교육제도를 수립하고, 교육에 대한 통제를 강화하여 교육을 국가적 기능으로 편입시키게 된다.

국가주의는 국민(nation)의 주체로서 구성원 개개인의 감정, 의식, 운동, 정책, 문화의 동질성을 기본으로 하여 성립된 근대 국민국가라는 특징을 갖고 있다. 국가주의의 가장 핵심적인 요소는 인종, 국가, 민족, 영토 등의 객관적인 것이라고 하지만 公用語와 문화의 동질성에서 비롯된 같은 부류의 존재라는 '우리 의식'(we~feeling) 내지 '自覺'을 더욱 중요한 요인으로 보는 것이 일반적이다. 여기에서 더 나아가 '우리 의식'과 같은 국민의식은 국가를 위한 운동, 국가 전통, 국가 이익, 국가 안전, 국가에 대한 사명감(使命感) 등을 중시한다. 이러한 국민의식을 역사와 문화 교육을 통해 육성시킴으로써 강력한 국가를 건설한 예가 바로 독일이다. 근대 국민국가의 어떤 특정한 주의, 예를 들면 독일의 나치즘(Nazism), 이탈리아의 파시즘(Fascism), 일본의 쇼비니즘(Chauvinism)은 맹목적인 애국주의와 국수주의적인 문화 및 민족의식을 강조하고, 이러한 의식을 활용하여 제국적인 침략주의로 전락하고 있는 것도 또 하나의 특징이다.

'Ideology'란 용어는 Idea와 Logic의 합성어로 창의와 논리의 뜻을 담고 있다. Engels와 Marx의 이념 정의를 요약하면, "자연, 세계, 사회 및 역사에 대해 가치를 부여하고 그 가치성을 긍정적, 부정적으로 평가하는 동의자와 일체감을 형성하여 그 가치성을 행동으로 성취하는 행위"1)라는 것이다. 따라서 Ideology란 '개인의 의식 속에 내재해 있으면서도 개인의식과는 달리 개인이 소속한 집단, 사회, 계급, 민족이 공유하고 있는 〈공동의식〉, 즉 〈사회의식〉과 같은 것'이라 할 수 있다.

메이지유신 이후 주목할 만한 변화를 보면, 정치적으로는 〈國民皆兵制〉(1889)가 실시되고, 〈皇室典範〉(1889)이 공포되어 황실숭상을 의무화하는가 하면, 〈大日本帝國憲法〉(1889)이 반포되어 제국주의의 기초를 마련한다. 교육적으로는 근대 교육제도(學制, 1872)가 제정 공포되고, 〈敎育勅語〉(1890)와 『기미가요(君が代)』(1893) 등을 제정하여 제정일치의 초국가주의 교육체제를 확립하였으며,2) 교과서정책 또한 메이지 초기 〈自由制〉, 1880년 〈開申制(届出制)〉, 1883년 〈認可制〉, 그리고 1886년 〈檢定制〉를 거쳐, 1904年 〈国定教科書〉 정책으로 규제해 나간다.

우에다 가즈토시(上田萬年)가 주장했던 '母語 = 国語' 이데올로기는, 일본어의 口語에 의해, 보다 구체화되었다. 그러나 그 중핵은 학습에 의해서만 습득할 수 있는 극히 인위적인 언어였음에도 불구하고 근대일본의 여러 제도(교육, 법률, 미디어 등)는, 이 口語에 의해 유지되어, '母語 = 国語' 이데올로기로 확대 재생산되기에 이르렀으며, 오늘날에도 '일본어 = 국어'는 일본인에 있어서 대단히 자명한 사실인 것처럼 받아들여지고 있다.

일본은 국가신도(國家神道)를 통하여 일본인과 조선인에게 천황신성사상의 이데올로기를 심어주려 하였다. 만세일계의 황통이니, 팔굉일우(八紘一宇)니, 국체명징(國體明徵)이니, 기미가요(君が代) 등으로 표현되는 천황에 대한 충성심과 희생정신이 일본국가주의의 중심사상으로 자리 잡게 된

---

1) 高範瑞 외 2인(1989), 『現代 이데올로기 總論』, 학문사, pp.11~18 참조.
2) 黃惠淑(2000), 「日本社會科教育의 理念變遷研究」, 韓國教員大學校 大學院 博士學位論文, p.1

것이다. 즉, '명령과 절대복종'식의 도덕성과 충군애국사상을 교육을 통해서 심어주고자 한 것이 '국가주의'에 의한 일본식 교육이었음을 알 수 있다.

2) 합병 후 조선의 교육제도와 일본어 교육

조선에서의 일본어 교육은 식민지라는 특수한 상황에서 일본식 풍속미화의 동화정책을 시행하기 위해 가장 기본적인 수단으로 중요시되었다. 이는 말과 역사를 정복하는 것이 동화정책의 시작이요 완성이라는 의미이다.

1910년 8월 29일, 한국은 일본에 합병되었으며, 메이지천황의 합병에 관한 조서(詔書)는 다음과 같다.

> 짐은 동양의 평화를 영원히 유지하고 제국의 안전을 장래에 보장할 필요를 고려하여……조선을 일본제국에 합병함으로써 시세의 요구에 응하지 않을 수 없음을 염두에 두어 이에 영구히 조선을 제국에 합병하노라…下略…3)

일제는 한일합병이 이루어지자 〈大韓帝國〉을 일본제국의 한 지역으로 인식시키기 위하여 〈朝鮮〉으로 개칭(改稱)하였다. 그리고 제국주의 식민지 정책 기관으로 〈朝鮮總督府〉를 설치하고, 초대 총독으로 데라우치 마사타케(寺內正毅)를 임명하여 무단정치와 제국신민 교육을 병행하여 추진하였다. 따라서 일제는 조선인 교육정책의 중점을 '점진적 동화주의'에 두고 풍속미화(풍속의 일본화), 일본어 사용, 국정교과서의 편찬과 교원양성, 여자교육과 실업교육에 주력하여 보통교육으로 관철시키고자 했다. 특히 일제

---

3) 敎育編纂会『明治以降敎育制度発達史』 第十巻 1964년 10월 p.41(필자 번역, 이하 동).
朝鮮敎育硏究會, 『朝鮮敎育者必讀』, 1918년, pp.47~48 참고

보통교육 정책의 근간이 되는 풍속미화는 황국신민의 품성과 자질을 육성
하기 위한 것으로 일본의 국체정신과 이에 대한 충성, 근면, 정직, 순량,
청결, 저축 등의 습속을 함양하는 데 있었다. 일본에서는 이를 〈통속교육
위원회〉라는 기구를 설치하여 사회교화라는 차원에서 실행하였는데, 조선
에서는 이러한 사회교화 정책을 보통학교를 거점으로 구상했다는 점이 일
본과 다르다 할 수 있다.[4]

조선총독부는 한국병합 1년 후인 1911년 8월 24일 〈朝鮮敎育令〉[5]을 공
포함으로써 교육령에 의한 본격적인 동화교육에 착수한다. 초대 조선총독
데라우치 마사타케(寺内正毅)의 교육에 관한 근본방침을 근거로 한 〈朝鮮
敎育令〉은 全文 三十條로 되어 있으며, 그 취지는 다음과 같다.

> 조선은 아직 일본과 사정이 같지 않아서, 이로써 그 교육은 특히 덕성(德
> 性)의 함양과 일본어의 보급에 주력함으로써 황국신민다운 성격을 양성
> 하고 아울러 생활에 필요한 지식 기능을 교육함을 본지(本旨)로 하고……
> 조선이 제국의 융운(隆運)에 동반하여 그 경복(慶福)을 만끽함은 실로 후
> 진 교육에 중차대한 조선 민중을 잘 유의시켜 각자 그 분수에 맞게 자제를
> 교육시켜 成德 達才의 정도에 따라야 할 것이며, 비로소 조선의 민중은
> 우리 皇上一視同仁의 홍은(鴻恩)을 입고, 一身一家의 福利를 향수(享受)
> 하고 人文 발전에 공헌함으로써 제국신민다운 열매를 맺을 것이다.[6]

이에 따라 교사의 양성에 있어서도 〈朝鮮敎育令〉에 의하여, 구한말 고종
의 〈교육입국조서〉의 취지에 따라 설립했던 기존의 '한성사범학교'를 폐지

4) 정혜정·배영희(2004), 「일제 강점기 보통학교 교육정책연구」, 『敎育史學 研究』, 서울
   대학교 敎育史學會 편, p.166 참고
5) 敎育編纂会(1964, 10) 『明治以降敎育制度発達史』 第十巻, pp.60~63
6) 조선총독부(1964, 10), 『朝鮮敎育要覧』, 1919년 1월, p.21. 敎育編纂会 『明治以降敎育制度
   発達史』 第十巻, pp.64~65

하고, '관립고등보통학교'와 '관립여자고등보통학교'를 졸업한 자를 대상으로 1년간의 사범교육을 실시하여 배출하였다. 또한 부족한 교원은 '경성고등보통학교'와 '평양고등보통학교'에 부설로 수업기간 3개월의 임시교원속성과를 설치하여 〈朝鮮敎育令〉의 취지에 맞는 교사를 양산해 내기에 이른다.

데라우치 마사타케가 제시한 식민지 교육에 관한 세 가지 방침은 첫째, '조선인에 대하여 〈敎育勅語〉(Imperial rescript on Education)의 취지에 근거하여 덕육을 실시할 것' 둘째, '조선인에게 반드시 일본어를 배우게 할 것이며 학교에서 敎授用語는 일본어로 할 것.' 셋째, '조선인에 대한 교육제도는 일본인과는 별도로 하고 조선의 時勢 및 民度에 따른 점진주의에 의해 교육을 시행하는 것'이었다.

〈제1차 조선교육령〉(1911)에 의거한 데라우치 마사타케의 교육방침은 "일본인 자제에게는 학술, 기예의 교육을 받게 하여 국가융성의 주체가 되게 하고, 조선인 자제에게는 덕성의 함양과 근검을 훈육하여 충량한 국민으로 양성해 나가는 것"[7]으로, 이를 식민지 교육의 목표로 삼았다. 데라우치는 이러한 교육목표를 내세우며, 일상생활에 '필수(必須)한 知識技能'을 몸에 익혀 실세에 적응할 보통교육을 강조하는 한편, 1911년 11월의 「일반인에 대한 유고(諭告)」에시는 '딕싱을 함양하고 일본어를 보급하여 신민을 양성해야 한다'고 '교육의 필요성'을 역설하기도 했다. 이에 따라 보통학교의 교육연한은 보통학교 3~4년제, 고등보통학교 4년제, 여자고등보통학교 3년제로 정해졌으며, 이와 관련된 사항을 〈朝鮮敎育令〉에 명시하였다.

한편 일본인학교의 교육연한은 초등학교 6년제, 중학교 5년제, 고등여학교 5년제(1912년 3월 府令 제44호, 45호)로, 조선인과는 다른 교육정책으로 복선형 교육제도를 실시하였음을 알 수 있다. 〈제1차 조선교육령〉과 〈보

---

7) 정혜정·배영희(2004), 위의 논문, p.167

통학교시행규칙〉에 의한 보통학교 교과목과 교과과정, 그리고 수업시수를 〈표 1〉로 정리하였다.[8]

〈표 1〉〈제1차 조선교육령〉시기 보통학교 교과과정과 매주 교수시수(1911~1921)[9]

과목＼학년	1학년 과정	시수	2학년 과정	시수	3학년 과정	시수	4학년 과정	시수
수신	수신의 요지	1	좌동	1	좌동	1	좌동	1
국어	독법, 해석, 회화, 암송, 받아쓰기, 작문, 습자	10	좌동	10	좌동	10	좌동	10
조선어 及한문	독법, 해석, 받아쓰기, 작문, 습자	6	좌동	6	좌동	5	좌동	5
산술	정수	6	좌동	6	좌동, 소수, 제등수, 주산	6	분수, 비례, 보합산, 구적, 주산	6
이과					자연계의 사물현상 및 그의 이용	2	좌동, 인신생리 및 위생의 대요	2
창가	단음창가	3	좌동	3	좌동	3	좌동	3
체조	체조, 보통체조				좌동		좌동	
도화	자재화				좌동		좌동	
수공	간이한 세공				좌동	2	좌동	2
재봉及수공	운침법, 보통의류의 재봉, 간이한 수예		보통의류의 재봉법, 선법, 간이한 수예		좌동 및 의류의 선법		좌동	
농업초보					농업의 초보 및 실습		좌동	
상업초보					상업의 초보		좌동	
계		26		26		27		27
국어/전체시수 (%)		38		38		37		37

---

8) 朝鮮敎育會(1935), 『朝鮮學事例規』, pp.409~410 참조
9) 〈표 1〉은 김경자 외 공저(2005), 『한국근대초등교육의 좌절』, p.77을 참고하여 재작성하였음.

〈표 1〉에서 알 수 있듯이 1, 2학년의 교과목에는 수신, 국어, 조선어및한문, 산술, 창가에 시수를 배정하였으며, '체조', '도화', '수공'과, '재봉및수공 (女)'과목은 공식적으로 시수를 배정하지 않았다. 그러나 교과과정을 명시하여 교사의 재량 하에 교육과정을 이수하게 하였다. 그리고 3, 4학년과정에서 '조선어및한문'을 1시간을 줄이고 '수공'에 2시간을 배정함으로써 차츰 실용교육을 지향하고 있음을 보여준다.

가장 주목되는 것은 타 교과목에 비해 압도적인 시수와 비중을 차지하고 있는 '國語(일본어)' 과목이다. 특히 언어교육이란 지배국의 이데올로기를 담고 있기 때문에 일본어교육은 일제가 동화정책의 출발점에서 가장 중요시하였던 부분이었다. 〈표 1〉에서 제시된 '國語'과목의 주된 교과과정은 독법, 회화, 암송, 작문, 습자 등으로 일본어교육의 측면만을 드러내고 있다. 그런데 교과서의 주된 내용이 일본의 역사, 지리, 생물, 과학을 포괄하고 있을 뿐만 아니라, 일본의 사상, 문화, 문명은 물론 '실세에 적응할 보통교육' 수준의 실용교육에 까지 미치고 있어, '國語'교과서만으로도 타 교과목의 내용을 학습하도록 되어 있어 식민지교육을 위한 종합교과서라고 볼 수 있다. 그런만큼 40%에 가까운 압도적인 시수를 배정하여 집중적으로 교육하였음은 당연한 일이었을 것이다.

3. 〈제2차 조선교육령〉 시기의 일본어 교육

1) 3 · 1 독립운동과 〈제2차 조선교육령〉

합병 후 일제는 조선총독부를 설치하고 무단 헌병정치로 조선민족을 강압하였다. 육군대신 출신이었던 초대 총독 데라우치 마사타케(寺內正毅)에서 육군대장 하세가와 요시미치(長谷川好道)총독으로 계승된 무단통치는

조선인들의 반일감정을 고조시켰으며, 마침내 〈3·1독립운동〉이라는 예
상치 못한 결과를 초래했다.

일제는 일제의 침략에 항거하는 의병과 애국계몽운동을 무자비하게 탄
압하고 강력한 무단정치를 펴나가는 한편, 민족고유문화의 말살, 경제적
침탈의 강화로 전체 조선민족의 생존에 심각한 위협을 가했다. 일제는 민
족자본의 성장을 억제할 목적으로 〈회사령〉(會社令, 1910)을 실시함으로써
총독의 허가를 받아야만 회사를 설립할 수 있도록 제한하였고, 〈조선광업
령〉(朝鮮鑛業令, 1915), 〈조선어업령〉(朝鮮漁業令, 1911) 등을 통해 조선에
있는 자원을 착출하였다. 또한 토지조사사업(土地調査事業, 1910~18)으로
농민의 경작지가 국유지로 편입됨에 따라 조상전래의 토지를 빼앗기고 빈
농 또는 소작농으로 전락하기에 이르러, 극히 일부 지주층을 제외하고는
절박한 상황에 몰리게 되었다. 이렇듯 식민통치 10년 동안 자본가, 농민,
노동자 등 사회구성의 모든 계층이 식민통치의 피해를 직접적으로 체감하
게 되면서 민중들의 정치, 사회의식이 급격히 높아져 갔다.

1918년 1월 미국의 윌슨대통령이 전후처리를 위해 〈14개조평화원칙〉을
발표하고 민족자결주의를 제창했는데, 같은 해 말 만주 지린에서 망명 독
립 운동가들이 무오독립선언을 통하여 조선의 독립을 주장하였고, 이는 조
선 재일유학생을 중심으로 한 〈2·8 독립선언〉으로 이어졌다. 여기에 고
종의 독살설이 불거지면서 그것이 계기가 되어 지식인과 종교인들이 조선
독립의 불길을 지피게 되자, 삽시간에 거족적인 항일민족운동으로 확대되
었고, 일제의 무단정치에 대한 조선인의 분노 역시 더욱 높아져갔다.

고종황제의 인산(因山, 국장)이 3월 3일로 결정되자, 손병희를 대표로 한
천도교, 기독교, 불교 등 종교단체의 지도자로 구성된 민족대표 33인은 많
은 사람들이 서울에 모일 것을 예측하고, 3월 1일 정오를 기하여 파고다공
원에 모여 〈독립선언서〉를 낭독한 후 인쇄물을 뿌리고 시위운동을 펴기로

하였으며, 각 지방에도 미리 조직을 짜고 독립선언서와 함께 운동의 방법과 날짜 등을 전달해두었다. 독립선언서와 일본정부에 대한 통고문, 그리고 미국대통령, 파리강화회의 대표들에게 보낼 의견서는 최남선이 기초하고, 제반 비용과 인쇄물은 천도교측이 맡아, 2월27일 밤 보성인쇄소에서 2만 1천장을 인쇄하여, 은밀히 전국 주요도시에 배포했다. 그리고 손병희 외 33명의 민족대표는 3월 1일 오후 2시 정각 인사동의 태화관(泰和館)에 모였다. 한용운의 〈독립선언서〉 낭독이 끝나자, 이들은 모두 만세삼창을 부른 후 경찰에 통고하여 자진 체포당했다.

한편, 파고다 공원에는 5천여 명의 학생들이 모인 가운데 정재용(鄭在鎔)이 팔각정에 올라가 독립선언서를 낭독하고 만세를 부른 후 시위에 나섰다. 이들의 시위행렬에 수많은 시민들이 가담하였다. 다음날에는 전국 방방곡곡에서 독립만세와 시위운동이 전개되었다. 이에 조선총독부는 군대와 경찰을 동원하여 비무장한 군중에게 무자비한 공격을 가했다. 그로인해 유관순을 비롯한 수많은 사람들이 학살되거나 부상당하였으며 투옥되는 참사가 벌어졌고, 민족대표를 위시한 지도자 47명은 내란죄로 기소되었다.

〈3·1운동〉 이후 전국적으로 퍼져나간 시위운동 상황에 대한 일본 측 발표를 보면, 집회회수 1,542회, 참가인원수 202만3,089명에 사망 7,509명, 부상 1만5,961명, 검거된 인원은 5만2,770명에 이르렀으며, 불탄 건물은 교회 47개소, 학교 2개교, 민가 715채에 달하였다 한다. 이 거족적인 독립운동은 일제의 잔인한 탄압으로 많은 희생자를 낸 채 목표를 달성하지는 못했지만, 국내외적으로 우리 민족의 독립정신을 선명히 드러낸 바가 되어, 우리 근대민족주의 운동의 시발점이 되었다. 이는 아시아의 다른 식민지 및 반식민지의 민족운동 등에도 영향을 끼쳤는데, 특히 중국의 〈5·4 운동〉, 인도의 무저항 배영(排英)운동인 〈제1차 사타그라하운동〉, 이집트의 반영자주운동, 터키의 민족운동 등 아시아 및 중동지역의 민족운동을 촉진

시킨 것으로 높이 평가되었다.

이처럼 3·1운동은 한국인들의 민족의식을 고취시키고 거국적인 독립운동을 촉진시켜 급기야 상해임시정부가 수립되는 성과를 얻게 되었으며, 대내적으로는 일제의 무단통치를 종결시키게 되는 계기가 된다.

3·1운동 이후의 조선총독정치의 재편과 문화통치의 실시에는 당시 일본 수상이었던 하라 다카시(原敬)의 아이디어가 많이 작용했다. 하라는 한반도에서의 독립만세운동 사건을 접한 후 조선통치방법에 변화의 필요성을 느끼고 조선총독부 관제를 개정함과 동시에 새로운 인사 조치를 단행했다. 그리하여 하세가와(長谷川)총독의 사표를 받고, 이어 제3대 총독으로 사이토 미나토(斎藤實)를 임명하여 문화정치를 표방하면서 조선인의 감정을 무마하려고 하였다. 새로 부임한 사이토는 1919년 9월 3일 새로운 시정방침에 대한 훈시에서 "새로운 시정방침이 천황의 聖恩에 의한 것"이라고 전제하고 "內鮮人으로 하여금 항상 동포애로 相接하며 공동협력 할 것이며, 특히 조선인들은 심신을 연마하고 문화와 民力을 향상시키기를 바란다."[10]고 했는데, 이때부터 총독의 공식적인 발언에서 '내선융화'라는 단어가 빈번하게 사용되었다. 이러한 식민지 융화정책의 일환으로 1919년 말에는 3面1校制[11]를 내세워 조선인도 일본인과 동일하게 처우할 것임을 공언하였으며, 1920년에는 부분적으로 개정된 교육령(칙령 제19호)을 제시하여 〈일시동인〉의 서막을 열었다. 그리고 1922년 2월 교육령을 전면 개정하여 전문 32개조의 〈제2차 조선교육령〉을 공포하였는데, 이는 3·1 독립운동으로 대표되는 조선인의 저항에 따른 식민지교육의 궤도수정이었다 할 수 있겠다.

---

10) 조선총독부(1921), 『朝鮮에 在한 新施政』, pp.54~56
11) 3面1校制: 1919년에 실시된 것으로 3개의 面에 하나의 학교 설립을 의미한다. 이후 1929년 1面1교제를 실시하게 되어 면 지역을 중심으로 학교가 급증하게 된다. 윤병석(2004), 『3·1운동사』, 국학자료원 p.47

〈2차 교육령〉의 특기할만한 점은 '一視同仁'을 추구하기 위해 일본 본토의 교육제도에 준거하여 만들어졌다는 점이다. 따라서 교육제도와 수업 연한 등에서 이전과는 다른 변화를 볼 수 있으며, 종래에 저급하게 짜였던 학교체계를 고쳐 사범교육과 대학교육을 첨가하고 보통 교육, 실업교육, 전문교육의 수업연한을 다소 높였음이 파악된다. 그러나 법령 제3조에서 '국어(일본어)를 상용하는 자와 그렇지 않은 자'를 구별하였으며, 종래와 같이 일본인을 위한 소학교와 조선인을 위한 보통학교를 여전히 존속시킴으로써 실질적으로는 민족차별을 조장하였음을 알 수 있다.

보통학교 교육에 대한 취지와 목적은 〈1차 교육령〉과 거의 동일하다. 이는 당시 조선총독부에서 제시한 신교육의 요지와 개정된 교육령의 항목에서 찾을 수 있다.

> 보통교육은 국민된 자격을 양성하는 데 있어 특히 긴요한 바로서 이 점에 있어서는 법령의 경개에 의하여 변동이 생길 이유가 없음은 물론이다. 즉 고래의 양풍미속을 존중하고 순량한 인격의 도야를 도모하며 나아가서는 사회에 봉사하는 념(念)을 두텁게 하여 동포 집목의 미풍을 함양하는데 힘쓰고 또 일본어에 숙달케 하는데 중점을 두며 근로애호의 정신을 기르고 흥업치산의 지조를 공고히 하게 하는 것을 신교육의 요지로 한다.[12]

> 보통학교는 아동의 신체적 발달에 유의하여, 이에 덕육을 실시하며, 생활에 필수한 보통의 지식 및 기능을 수여하여 국민으로서의 성격을 함양하고 국어를 습득시킬 것을 목적으로 한다.[13]

이처럼 〈2차 교육령〉에서의 보통학교 교육목적은 이전의 '충량한 신민

---

12) 조선총독부(1922), 「관보」, 1922. 2. 6
13) 〈제2차 조선교육령〉 제4조

의 육성'이라는 교육목표를 언급하고 있지는 않지만, 교육 목적에 있어서는 이전과 다를 바 없다. 생활에 필수적인 보통의 '지식과 기능'을 기른다고 명시함으로써 학교에서 가르쳐야 할 것을 생활의 '필요'에 한정하고 있으며, '국민으로서의 성격을 함양'하거나 '국어습득'을 강조함으로써 國語 즉 일본어를 습득시켜 일제의 충량한 신민을 양육하고자 하는 의도가 그대로 함축되어 있음을 알 수 있다.

2) 교과목과 수업시수

〈2차 교육령〉에서 이전의 교육령에 비해 눈에 띄게 변화된 점이 있다면 바로 보통학교의 수업연한이 6년제로 바뀐 점이다. 조선총독부는 이의 규정을 제5조에 두었는데, 그 조항을 살펴보면 "보통학교의 수업 연한은 6년으로 한다. 단 지역의 정황에 따라 5년 또는 4년으로 할 수 있다."[14]로 명시하여 지역 상황에 따른 수업연한의 유동성을 예시하였다. 이에 따른 교과목과 교육시수를 〈표 2〉로 정리하였다.

〈표 2〉〈제2차 조선교육령〉 시기 보통학교 교과목 및 매주 교수시수

학제	4년제 보통학교				5년제 보통학교					6년제 보통학교					
과목\학년	1	2	3	4	1	2	3	4	5	1	2	3	4	5	6
수신	1	1	1	1	1	1	1	1	1	1	1	1	1	1	1
국어	10	12	12	12	10	12	12	12	9	10	12	12	12	9	9
조선어	4	4	3	3	4	4	3	3	3	4	4	3	3	3	3
산술	5	5	6	6	5	5	6	6	4	5	5	6	6	4	4
일본역사									5					2	2
지리														2	2
이과				3				2	2				2	2	2

---

14) 〈제2차 조선교육령〉 제5조

도화			1	1		1	1	2(남)1(여)			1	2(남)1(여)	2(남)1(여)	
창가 체조	3	3	1 3(남)2(여)	1 3(남)2(여)	3	3	1	1 3(남)2(여)	1 3(남)2(여)	3	3	3	1 3(남)2(여)	1 3(남)2(여)
재봉		2	2			2	3				2	3	3		
수공														
계	23	25	27(남)28(여)	27(남)28(여)	23	25	27	29(남)31(여)	30(남)31(여)	23	25	27	29(남)30(여)	29(남)30(여)

〈2차 조선교육령〉 시행기는 〈1차 조선교육령〉 시행기에 비하여 '조선어 및 한문'이 '조선어'과목으로 되어 있으며, 수업시수가 이전에 비해 상당히 줄어든 반면, 國語(일본어)시간이 대폭 늘어났다. 주목되는 점은 '역사'와 '지리'과목을 별도로 신설하고 5, 6학년 과정에 배치하여 본격적으로 일본사와 일본지리를 교육하고자 하였음을 알 수 있다.

한편 4년제 보통학교의 경우 조선어 교과의 비중감소나 직업교과의 비중감소 등은 6년제와 유사하다. 그러나 5년제나 6년제와는 달리 역사, 지리 등의 교과가 개설되지 않았다는 점에서 이 시기의 4년제 보통학교는 '간이교육기관'의 성격을 띠고 있었음을 알 수 있다.

또한 조선총독부는 지속적으로 〈보통학교규정〉을 개정하였는데, 개정된 보통학교 규정의 주요 항목들을 살펴보면, 1923년 7월 31일 〈조선총독부령 제100호〉로 개정된 〈보통학교규정〉에서는 4년제 보통학교의 학과목의 학년별 교수정도와 매주 교수시수표상의 산술 과목 제4학년 과정에 '주산가감'을 첨가하도록 하였다. 또한 1926년 2월 26일 〈조선총독부령 제19호〉의 〈보통학교규정〉에서는 보통학교의 교과목을 다음과 같이 부분적으로 개정하였는데, ①제7조 제3항(4년제 보통학교는 농업, 상업, 한문은 가할 수 없음) 중 농업, 상업을 삭제하고 ②"수의과목이나 선택과목으로 한문을 가하는 경우 제5학년, 제6학년에서 이를 가하고 이의 매주 교수시수는 전항의 예에 의하는 것"으로 하였다. 그리고 1927년 3월 31일자 〈조선총독부령 제22호〉의 〈보통학교규정〉에서는 보통학교 교과목 중 '일본역사' 과목의 과목명을 '국사'로 바꾸었다.

한편 〈제2차 조선교육령〉에 나타난 '교수상의 주의사항'을 〈1차 조선교육령〉기와 비교해 볼 때, 국어(일본어) 사용과 관련된 기존의 항목만이 삭제되고 나머지는 거의 유사하다. 이와 같이 일본어 사용에 대한 명시적인 강조가 사라진 것은 1919년 독립운동 후 조선의 전반적인 사회분위기를 고려한 것으로 추정된다.

3) 관공립 사범학교의 초등교원 양성과정

강점초기의 관립사범학교로는 관립경성사범학교를 들 수 있는데, 이 학교는 조선총독부 사범학교였던 경성사범학교가 개편된 것으로, 1부는 소학교 교원을, 2부는 보통학교 교원을 양성하도록 하였다. 또한 '보통과'와 '연습과'를 설치하여 '보통과'는 5년(여자는4년), '연습과'는 1년의 수업 연한을 두었다.

'보통과'는 12세 이상의 심상소학교나 6년제 보통학교 졸업자, 중학교 또는 고등보통학교 재학자, 12세 이상으로 국어, 산술, 일본역사, 지리, 이과에 대하여 심상소학교 졸업 정도로, 시험에 합격한 자에게 입학 기회가 주어졌다. '연습과'는 보통과 졸업자 외에 문부성 사범학교 규정에 의한 사범학교 본과 졸업자, 중학교 혹은 고등여학교 졸업자, 고등보통학교 혹은 여자고등보통학교 졸업자, 실업학교 졸업자, 전문학교 입학자, 검정시험 합격자, 사범학교 연습과 입학자격시험 합격자에 한해서 입학할 수 있었다. 졸업 후에는 각 과정 중의 혜택에 따라 의무 복무 기간을 이행해야 했는데, '보통과'와 '연습과'를 거친 관비졸업자는 7년을, 사비졸업자는 3년을 보통학교나 소학교에서 근무해야 했으며, 또 '연습과'만을 거친 관비졸업자에게는 2년, 사비졸업자는 1년의 의무 복무기간을 부여하였다.

이처럼 강점초기에는 관립이나 공립사범학교라는 독립된 교원양성기관을 설치하여 식민지 교육목적에 합당한 교원으로 양성하려 하는 한편, 사범학교 이외의 교원양성과정에 의하여 교원을 선발하기도 하였다. 이러한 점은 교원의 선발기준에서 다양성을 보여줌으로써 장점으로 작용하기도 하였으나, 교원의 수준 격차라는 문제성을 드러내기도 하였다.

1922년에 〈2차 조선교육령〉이 공포된 이후 초등교원 양성에 관한 정책에도 변화가 일어난다. 조선총독부는 기존의 다양한 교원양성과정을 정리하고, 관공립사범학교를 위주로 하여 교원양성교육을 실시하도록 하였다.

공립사범학교는 1922년 〈제2차 조선교육령〉과 〈사범학교규정〉에 의해 1922년부터 1923년까지 12개 도에 공립특과사범학교 형태로 설치되었다. 공립사범학교의 특과에는 2년제 고등소학교 졸업자 또는 이와 동등 이상의 학력이 있는 자가 입학 할 수 있었다. 학년은 3학기로 나뉘어져 운영되었으며, 수업연한은 처음에는 2년이었다가 1924년부터 3년으로 연장되었다. 특과의 교과목으로는 수신, 교육, 국어, 역사, 지리, 수학, 이과, 도화, 수공, 음악, 체조, 농업, 조선어 및 한문이 부과되었다. 생도에게는 학자금과 기숙사가 제공되었는데 이러한 혜택은 복무 의무와도 연결되어 3년제 특과 관비 졸업자는 4년의 의무 복무 기간을, 2년제 관비 졸업자는 3년, 특과 사비 졸업자는 2년의 복무 기간을 이행해야 했다. 그럼에도 이러한 조치와는 별도로 관립중등학교에 부설했던 사범과를 1925년까지 계속 유지시켰는데, 이는 부족한 초등교원을 양산하기 위한 것이었음을 알 수 있다.

한편 교원의 직급과 그 자격시험에 관한 내용은 1911년 10월에 내려진 〈조선총독부령 제88호〉에 제시되어 있는데, 그 내용을 살펴보면 교원의 직급은 교장, 교감, 훈도, 부훈도, 대용교원, 강사로 되어 있다. 그리고 자격시험을 3종으로 나누어, 제1종은 소학교 및 보통학교의 훈도, 제2종은 보통학교 훈도, 제3종은 보통학교 부훈도에 임명함을 명시하고 있다. 이 때 제2종과 제3종 시험은 조선인만 치를 수 있었으며, 제3종 시험 교과목은 수신, 교육, 국어, 조선어 급 한문, 산술, 이과, 체조, 도화, 실업(여자의 경우 재봉 및 수예, 남자의 경우 농업, 상업 중 1과목)으로 하였다.[15]

〈2차 조선교육령〉 기간 동안은 교원자격시험에도 간간히 변화가 있었는데, 1922년 4월 8일 〈조선총독부령 제58호〉에 의한 변화로는, 시험은 종전과 같이 3종으로 나누었고, 제1종 시험과목 및 그 정도는 남자에 있어서는 사범학교 남생도, 여자에 있어서는 사범학교 여생도에 관한 학과목 및 그 정도에 준하는 정도로 하였다. 또한 소학교 교원자격을 가진 자에게는 '영어' 및 '조선어' 과목을 부가하고, 보통학교 교원자격을 가진 자에게는 '영어'와 '농업' 혹은 '상업'과목을 부가하였다. 제2종 시험의 시험과목 및 그 정도는 남자에게는 사범학교 특과 남생도에, 여자에게는 사범학교 특과 여생도에 부과한 학과목 및 그 정도에 준하도록 하였으며, 그 중 소학교 교원자격을 가진 자는 '조선어'와 '농업' 혹은 '상업'과목에서 선택하도록 하였다. 제3종 시험은 국어(일본어) 상용자로, 한국인에 한하여 치르도록 하였는데, 제3종 시험에 급제한 자에게 제2종 시험을 치를 수 있게 하고, 제2종 시험에 급제한 자에게는 제1종 시험을 치를 수 있는 자격을 주었다.[16]

교원자격시험과 관련된 정책은 이듬해인 1923년에 다시 한 번 개정된다. 제1종 시험은 조선총독부에서, 제2종, 제3종 시험은 각 도에서 시행하도록 하였는데, 일본인 교원임용과 관련된 사항은 조선총독부에서 행하고, 한국인 교원임용과 관련된 사항은 각 도에서 행하도록 한 것이다.[17] 이러한 정책은 더 확장되어 1925년에는 제1종에서 제3종까지 모든 교원시험과 관

---

15) 조선총독부(1911), 「관보」, 1911.10.
16) 김경자 외 공저(2005), 앞의 책, pp.185~186 참조.
17) 조선총독부(1923), 「관보」, 1923.4.18.

련된 정책 권한을 각 도로 이양18)하게 된다.

4. 第二期『普通學敎國語讀本』의 표기 및 배열

第二期『普通學敎國語讀本』은 3·1운동 이후 문화정치를 표방하면서 일
본 본토의 교육과 차별 없이 실시한다는 〈일시동인〉에 중점을 둔 일제의
식민지 교육정책에 의하여 1923년부터 1924년에 걸쳐 모두 8권이 편찬되
게 된다.

이의 편찬을 담당한 사람은 당시 조선총독부 학무국 소속 교과서 편수관
으로 일본 국정교과서 편찬에도 참여했던 아시다 에노스케(芦田惠之助)였
다. 아시다는 당시 조선총독 사이토가 공포한 〈2차 조선교육령〉의 취지에
입각하여 '內鮮融和'의 길을 다양한 방법으로 모색하여 교과서에 반영하였
기 때문에, 第二期『普通學敎國語讀本』에는 '內鮮融和'라는 추상적 이미지의
실체가 상당히 구체적으로 제시되어 있음이 파악된다.

〈제2차 조선교육령〉의 획기적인 변화는 내지연장주의 교육이라는 틀 아
래 일본의 소학교와 동일한 학제를 유지하기 위하여 보통학교 학제를 6년
제로 개편한 점이다. 그런데 학제개편에 따른 교과서 출판이 원활하지 못
한 관계로 조선총독부에서 편찬한 교과서는 1~4학년용 8권만이 출판되었
으며, 5~6학년 교과서는 급한 대로 문부성 발간『尋常小學國語讀本』을 그
대로 가져와 사용하게 되었다. 이에 대한 출판사항은 〈표 3〉과 같다.

---

18) 조선총독부(1925), 「관보」, 1925.12.23.

〈표 3〉〈제2차 교육령〉시기에 교육된 日本語敎科書의 출판사항

卷數	출판 년도	사이즈		課	頁	정가	학년 학기
		縱	橫				
朝鮮總督府　第三期　『普通學校國語讀本』 1930～1935년							
卷一	1930	22	15		59	12錢	1학년 1학기
卷二	1930	22	15	26	79	13錢	1학년 2학기
卷三	1931	22	15	27	99	13錢	2학년 1학기
卷四	1931	22	15	25	104	13錢	2학년 2학기
卷五	1932	22	15	26	110	14錢	3학년 1학기
卷六	1932	22	15	25	107	14錢	3학년 2학기
卷七	1933	22	15	25	112	15錢	4학년 1학기
卷八	1933	22	15	26	130	15錢	4학년 2학기
卷九	1934	22	15	24	130	16錢	5학년 1학기
卷十	1934	22	15	24	138	16錢	5학년 2학기
卷十一	1935	22	15	24	127	16錢	6학년 1학기
卷十二	1935	22	15	28	140	16錢	5학년 2학기
계					1335		

〈표 3〉에서 알 수 있듯이 〈제2차 교육령〉시기에 교육된 '國語(일본어)'교과서는 조선총독부 발간『普通學校國語讀本』이 1학년부터 4학년까지 8권으로 되어 있으며, 문부성 발간『尋常小學國語讀本』은 5학년부터 6학년까지 4권으로 되어있다.

1911년에 제정된 〈普通學校施行規則〉에 의해 1913년부터는 신규편찬(新規編纂)의 교과서에 대해서는 자비구입이라는 원칙에 따라 第二期『普通學校國語讀本』의 가격은 13錢～18錢으로 책정이 되어 있다. 이는 第一期『普通學校國語讀本』이 각 6錢의 저가로 보급했던데 비해, 대한제국기 學部편찬 교과서의 가격(각 12錢)으로 회귀한 면을 보인다. 뿐만 아니라 第二期『普通學校國語讀本』은 〈표 3〉과 같이 학년에 차등을 두어 지면의 양에 비례하여 실비로 공급한 듯한 인상을 풍긴다. 이러한 점은 문부성 발간『尋常小學

國語讀本』이 무상인 것과 묘한 대조를 이룬다.

第二期『普通學校國語讀本』의 특징은, 第一期와 마찬가지로 띄어쓰기가 없는 일본어 표기에서 저학년(1, 2학년)용에 띄어쓰기가 채용된 점이다. 이는 역시 모어(母語)를 달리하는 조선 아동이 처음 일본어로 된 교과서에 쉽게 접근할 수 있게 하기 위함이었을 것이다.

第二期『普通學校國語讀本』은 그 구성면에서 第一期에 비해 유화적인 면을 엿볼 수 있다. 먼저 삽화를 보면 군복차림의 선생님을 제시하여 위압적인 분위기를 조장하였던 1기에 비해, 2기에서는 모두 말쑥한 양복차림으로 등장하여 한층 유화적인 분위기로 변화하였다. 또한 일장기의 등장 횟수도 1기의 10회였던 것에 비해, 2기에는 3회에 그치는 것으로 사뭇 변화된 모습을 보이고 있다. 그리고 당시 총독부 학무국의 "조선에서 조선인을 교육할 교과서는 조선이라는 무대를 배경으로 하여야 함이 당연하다."[19]는 편찬방침에 따라 조선의 민화와 전설, 그리고 조선의 衣食住를 들어 채택하였으며, 삽화의 배경에 있어서도 조선의 것이 채택되었는데, 예를 들면 한복, 초가지붕, 민속놀이, 갓을 쓴 선비, 조선의 장독대, 그리고 일반 민중이 주로 이용하는 5일장의 모습을 교과서에 실음으로써 친근감을 유발하였다.

第二期『普通學校國語讀本』에는 당시 식민지 교육정책이 그대로 반영되어 '일시동인'과 '내지연장주의'에 의한 동화정책을 꾀하는 한편 내부적으로는 실업교육을 강조하고 있었다. 때문에 '國語'교과서의 특성상 당연히 지배국의 언어교육에 중점을 두어 국체의 이식을 꾀하였으며, 여기에 국민으로서의 성격함양을 추구하는 내용을 여러 각도로 제시하여 동화교육을 실행해 나가는 한편, 실생활에 必修한 실용교육을 가정 및 사회생활 교육과 농업, 공업, 상업 등으로 연결되는 실업교육에 관련된 내용을 수록함으로써 식민지 교육목적에 부합하는 국민양성에 힘썼음을 알 수 있다.

19) 조선총독부(1923), 『조선교육례개정에따른신교과용도서편찬방침』, p.17

5. 보통학교 교과서와 교육상의 지침

1914년 일제가 제시한 보통학교 교과서 편찬의 일반방침은 앞서 제정, 선포되었던 「敎授上의 注意 幷 字句訂正表」의 지침을 반영하고 기본적으로 〈조선교육령〉과 〈보통학교규칙〉에 근거를 둔 것이었다. 이에 따라 교과서 기술에 있어서도 「朝鮮語及漢文」을 제외하고는 모두 일본어(國語)[20]로 통합하여 기술하였고, 1911년 8월에 조선총독부가 편찬한 『국어교수법』이나, 1917년에 주로 논의되었던 교육상의 교수지침에서도 '풍속교화를 통한 충량한 제국신민의 자질과 품성을 갖추게 하는 것임'을 명시하여 초등교육을 통하여 충량한 신민으로 교화시켜나가려 하였다.

1906년부터 조선어, 수신, 한문, 일본어 과목의 주당 수업시수를 비교해 놓은 〈표 4〉에서 알 수 있듯이, 수업시수는 1917년 일본어 10시간에, 조선어(한문) 5~6시간이었던 것이, 1938~1941년에는 수신 2시간, 일본어 9~12시간, 조선어 2~4시간으로 바뀌었으며, 이때의 조선어는 선택과목이었다. 그러다가 1941~1945년에는 조선어가 아예 누락되고 수신(국민도덕 포함) 및 일본어가 9~12시간으로 되어 있다. 이는 일본이 태평양전쟁을 전후하여 창씨개명과 징병제도를 실시하면서 민족말살정책을 점차 심화시켜 가는 과정으로 이해될 수 있다.

각 시기에 따른 학년별, 과목별 주당 수업시수는 〈표 4〉와 같다.

---

[20] 일본어가 보급되기까지 사립학교 생도용으로 수신서, 농업서 등에 한하여 별도로 朝鮮 譯書로 함

〈표 4〉 조선에서의 수신 · 조선어 · 한문 · 일본어의 주당 수업시수

학년	통감부(1907)				제1기(1911)			제2기(1922)			제3기(1929)			제4기(1938)			제5기(1941)
	수신	조선어	한문	일어	수신	국어(일어)	조선어 및 한문	수신	국어(일어)	조선어	수신	국어(일어)	조선어	수신	국어(일어)	조선어	국민과(수신 / 국어)
제1학년	1	6	4	6	1	10	6	1	10	4	1	10	5	2	10	4	11
제2학년	1	6	4	6	1	10	6	1	12	4	1	12	5	2	12	3	12
제3학년	1	6	4	6	1	10	5	1	12	3	1	12	3	2	12	3	2 / 9
제4학년	1	6	4	6	1	10	5	1	12	3	1	12	3	2	12	2	2 / 8
제5학년								1	9	3	1	9	2	2	9	2	2 / 7
제6학년								1	9	3	1	9	2	2	9	2	2 / 7
합계	4	24	16	24	4	40	22	6	64	20	6	64	20	12	64	16	62

* 제1기(보통학교시행규칙, 1911. 10. 20), 제2기(보통학교시행규정, 1922. 2. 15), 제3기(보통학교시행규정, 1929. 6. 20), 제4기(소학교시행규정, 1938. 3. 15), 제5기(국민학교시행규정, 1941. 3. 31)

초등학교에는 合科的 성격의 「國民科」, 「理數科」, 「體鍊科」, 「藝能科」, 「實業科」라는 5개의 교과가 있었는데, 그 중의 「國民科」는 修身, 國語, 國史, 地理의 4과목으로 이루어져 있다. 國語, 國史, 地理의 合本的 텍스트로 「國民科」의 4분의 3을 입력한 교과서『普通學校國語讀本』의 내용 역시 「修身」교과서와 같이 품성의 도야, 국민성 함양을 목표로 하고 있다. 또한 「朝鮮語 及 漢文」 과목의 교재도 『普通學校國語讀本』과 마찬가지로 일본천황의 신민에 합당한 국민성을 함양케 하는 데 치중하고 도덕을 가르치며 상식을 알게 할 것에 교수목표를 두고 있다.

朝鮮統監府 및 朝鮮總督府의 관리하에 편찬 발행하여 조선인에게 교육했던 일본어 교과서를 '統監府期'와 '日帝强占期'로 대별하고, 다시 日帝强占期를 '1期에서 5期로 분류하여 '教科書名, 編纂年度, 卷數, 初等學校名, 編纂處 등을 〈표 5〉로 정리하였다.

〈표 5〉 朝鮮統監府, 日帝强占期 朝鮮에서 사용한 日本語敎科書

區分	期數別 日本語敎科書 名稱			編纂年度 및 卷數	初等學校名	編纂處
統監府期	普通學校學徒用 日語讀本			1907~1908 全8卷	普通學校	大韓帝國 學部
日帝强占期	訂正 普通學校學徒用國語讀本			1911. 3. 15 全8卷	普通學校	朝鮮總督府
	一期	普通學校國語讀本		1912~1915 全8卷	普通學校	朝鮮總督府
		改正普通學校國語讀本		1918 全8卷		
	二期	普通學校國語讀本		1923~1924 全12卷	普通學校	(1~8)朝鮮總督府 (9~12)日本文部省
	三期	普通學校國語讀本		1930~1935 全12卷	普通學校	朝鮮總督府
	四期	初等國語讀本 小學國語讀本		1939~1941 全12卷	小學校	(1~6)朝鮮總督府 (7~12)日本文部省
	五期	ヨミカタ	1~2학년 4권	1942 1~4卷	國民學校	朝鮮總督府
		初等國語	3~6학년 8권	1942~1944 5~12卷		

第二期『普通學校國語讀本』은 문화정치를 표방한 초등교육의 텍스트였지만 일제의 정치적 목적에 의해 편찬된 第一期『普通學校國語讀本』과 크게 다르지 않은 초등교과서로, 조선인을 일제가 의도하는 천황의 신민으로 육성하는 것을 목표로 편찬된 초등학교용 교과서라 할 수 있을 것이다.

2014년 2월
전남대학교 일어일문학과 김순전

조선총독부 편찬 (1923~1924)

『普通學校國語讀本』

第二期 한글번역 卷11

6학년 1학기

尋常小學

國語讀本　卷十一

文部省

조선총독부 편찬(1923~1924)
『普通學校 國語讀本』 第二期 한글번역 卷十一

목록

제1과 태양

存(son)
陽(you)
重(jyuu)
卽(sunawa)
積(seki)
隨(shitaga)
益(masu)
表(arawa)

지구상에 존재하는 것으로서 태양의 영향을 받지 않는 것은 하나도 없다. 태양의 빛과 열이 없으면 우리 인간은 물론이고, 모든 생물은 어느 것 하나 생존할 수는 없다.

우리들과 이 정도로 중대한 관계가 있는 태양이란 도대체 어떤 것일까? 한마디로 말하자면 대단히 뜨거운 상태에 있는 거대한 불덩어리로, 이를 구성하고 있는 것은 액체에 가까운 기체일 것이라 한다. 그리고 그 지름은 140만 Km로 즉, 지구의 109배 남짓 되며, 부피는 지구의 130만 배에 해당한다. 온도는 표면이 약 6천도이며, 내부로 들어갈수록 더욱더 높다. 빛의 강도에 대해 말하자면 엄청난 것으로, 이를 촉광(燭光)으로 나타내면 13이라는 숫자 다음에 0을 26개나 붙여서 표기해야 한다.

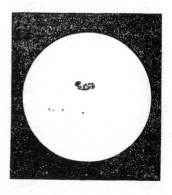

望(bou)
黑(koku)

　　망원경으로 보면 태양의 표면은 전체가 똑같이 빛나고 있는 것이 아니라, 빛이 강한 부분도 있는가 하면 약한 부분도 있으며, 또한 군데군데에 흑점이라 하여 검게 보이는 곳도 있다.

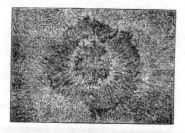

離(ri)	이 흑점은 아마도 표면에 발생하는 소용돌이일 것이라 한다. 그리고 그 개수나 크기는 대략 11년여를 주기로 하여 증감(增減)하고 있다. 　그런데 이 커다란 태양도 밤하늘에 은모래를 뿌린 듯이 보이는 조그만 별들의 하나와 같은 것이라고 한다. 말하자면 이 우주에는 저 태양 외에도 이것과 같은 것이 더욱 무한하게 존재하고 있지만, 단지 그 거리가 멀기 때문에 그렇게 작게 보이는 것이다. 게다가 우리들에게 가장 가까운 저 태양조차도 지구로부터는 대략 1억5천2백만 Km나 떨어져 있다. 가령 지금 한 시간에 200Km의 속도로 나는 비행기를 타고 간다고 해도, 태양에 도착하기 위해서는 87년이 걸리는 것이다.

제2과 공자(孔子)

聖(sei) 敬(kei) 德化(tokka) 著(ichijiru) 励(hage) 績(seki) 治(osa)	중국의 수천 년 동안의 인물 중 위대한 성인으로서, 오랫동안 후세 사람들에게 존경받으며, 덕화(德化)가 오늘날까지 아직 두드러진 자로는 공자에 필적할 사람은 없다. 공자는 지금으로부터 약 2,500년 전에 당시의 노(魯)나라, 즉 현재의 산동성(山東省) 지방에서 태어났다. 어렸을 때부터 학문에 힘써서 장성한 후에는 노의 임금을 섬겨 치적을 크게 올렸지만, 간신의 모함 때문에 그 관직에 오래 있지 못하고 노나라를 떠났다. 당시 중국은 여러 나라로 나뉘어져 서로 싸우느라 전란이 끊이지 않았으므로, 공자는 이를 크게 걱정하여 어떻게 해서든 국가를 평온하게 하여 만민의 고통을 구하고자, 널리 각국을 돌며 중용되기를 원하였다.

専(moppa)
著述
(chojyutsu)

그렇지만 결국 뜻을 달성하지 못하였으므로 노후에는 오로지 교육과 저술에 힘을 썼다. 문하생은 3,000명이었으며 그 중 가장 뛰어난 자는 안연(顔淵), 증참(曾參), 유약(有若) 등 72명이었다.

弟(tei) 集錄 (syuuroku) 述(no) 非(ara) 貴(touto)

논어는 증참과 유약 등 문하생들이 공자 및 그 뛰어난 제자들의 언행을 모아 기록한 것으로서, 이 위대한 성인의 모습을 가장 잘 살펴볼 수 있다. 이제 이 책을 통해 그 일부분을 이야기하고자 한다.

공자는 정의감이 강한 사람이었다. 그의 말에 의하면 "부귀는 사람이 바라는 바이다. 그렇지만 올바른 방법에 의한 것이 아니라면 나는 이에 머무르지 않는다. 빈천은 사람들이 싫어하는 바이다. 그렇지만 올바른 방법에 의한 것이 아니라면 나는 이를 떠나지 않는다"라고 한다.

공자는 언제나 중정불편(中正不偏)을 소중히 여겨 "중용은 덕이 다다르는 바이다"라고 말하며 "지나친 것은 부족한 것과 같다"라고도 하였다.

可(ka)
及(oyobo)
簡(kan)
自(mizuka)
老(oi)
將(masa)

또한 학문에 아주 열심이어서, 학문을 좋아하는 그 간절한 마음은 "아침에 도(道)를 들을 수 있으면 저녁에 죽어도 괜찮다"라고 말하기에 이르렀다.

공자는 타인을 교정하기에 앞서 우선 자신을 바로잡으며, 가까운 것에서부터 먼 곳에 영향을 미치게 한다는 생각을 그 주의(主義)로 삼았다. "자신을 수양하여 다른 사람을 편안하게 한다"는 그가 이 뜻을 간명하게 나타내는 말이다.

일찍이 스스로 말하기를 "발분(發憤)하면 끼니를 잊고, 즐기면 근심을 잊으며, 장차 늙음에 이르려 함을 모른다"라고 하였다. 그 자신의 몸을 잊고 나이를 잊으며, 다른 사람을 위해 힘쓰는 위대한 성인의 모습이 이 밀에 잘 나타나 있다 할 것이다.

제3과 상해(上海)

崎(saki) 江(kou) 居(kyo) 租(so) 區(ku) 制(sei) 布(shi) 皮膚(hihu) 俗(zoku)	나가사키(長崎)를 출항한 기선은 해상을 약 400해리 항해하여 양자강(楊子江) 하구에 다다른다. 그리고 50해리 정도 거슬러 올라가 황포강(黃浦江)이라는 지류로 접어들어, 10해리 남짓을 더욱 거슬러 올라가니 그 서안(西岸)에 있는 상해에 도착한다. 　상해는 중국 제일의 무역도시로, 백만 가까운 인구를 지니는 대도회지이다. 이곳에는 거류하는 외국인이 매우 많으며, 이들은 조계(租界)라고 하는 특별구역 안에 살고 있다. 조계란 거류지의 일종으로, 거류민이 중국 정부의 영향력에서 벗어나 자치제를 실시하고 있는 곳이다. 조계에는 피부 색깔이 다르고 언어, 풍속이 다른 많은 인종이 섞여 있어서, 그 모습은 언뜻 보기에 세계 인종전람회 같다.

縱橫(jyuou) 絶(tae) 博(haku) 圖(to) 競(kei) 狹(sema) 趣(omomuki)	시가지의 모습도 중국풍은 아니다. 아스팔트나 돌을 깐 도로가 종횡으로 이어지고, 전차, 마차, 자동차 등이 끊임없이 왕래하고 있다. 도로를 사이에 두고 큰 상점이 늘어서 있고, 강기슭에는 영사관, 세관을 비롯하여 은행, 회사 등의 훌륭한 건물이 높이 솟아 있다. 그 외에 각종 학교나 박물관, 도서관 등의 수양(修養)기관, 공원, 경마장, 극장 등의 오락기관이 도처에 산재하고 있다. 　조계 밖으로 나가면 대개는 중국풍의 거리로, 폭도 좁고 그다지 깨끗하지 않다. 다만 상거래가 활발한 곳은 상당히 활기를 띠고 있으며, 서양풍의 건물도 있어서 정취가 조금 다르다.

臨(nozo)
延(en)
占(shi)

상해가 황포강에 면하는 부분은 연장 320km이며 60여 개의 부두가 있다. 이 지역은 교통에 있어서 중요한 위치를 차지하고 있으므로, 외국과의 무역만이 아니라 중국 각지와의 거래에도 대단히 편리하여, 항구 안에는 항상 수백 척의 배가 모여 있어서 대단한 장관이다.

粉(hun)

　무역에 있어서 가장 중요한 관계를 지니고 있는 것은 일본, 영국, 미국의 세 나라이며, 우리 거류민의 수는 외국인 중에서 제1위를 차지하고 있다.

　상해는 오로지 상업도시로서 알려져 있지만 최근 공업도 점차 융성해져서, 방적, 조선, 제분, 제지 및 기타 여러 공장이 힘차게 검은 연기를 뿜어내고 있다.

제4과 소풍

1

지저귀는 종달새 소리도 낭랑하고
아지랑이 피어올라 들판은 맑게 개네.
자! 우리 친구들 함께 가야지.
오늘은 기쁜 소풍날이네.

2

오른쪽에 보이는 건 유명한 절이고
왼쪽 멀리 희미한 건 오래된 성(城)이며
봄날은 그림처럼 우리를 에워싸네.
오늘은 즐거운 소풍날이네.

何処(izuko) 桃(momo)	**3** 힘들게 도착한 고개 위에서 유채꽃 향기 나는 마을을 굽어보며 웃음소리 왁자지껄 퍼져가는 자리 오늘은 즐거운 소풍날이네. **4** 바람은 소리 없이 버드나무 스치며 나룻배는 조용히 우리들을 태우고 가는 곳 어드메뇨 복사꽃 피는 마을. 오늘은 즐거운 소풍날이네. 

제5과 노부코 씨의 집

部(ya)

　오늘은 노부코 씨의 집에 처음으로 놀러갔습니다. 안내 받은 방에는 오래된 장롱이나 찬장 등이 늘어서 있었는데, 청소도 구석구석 잘 되어 있고 모든 것이 깔끔하게 정리되어 있었습니다.

　노부코 씨는 마침 5학년 때의 시험지에 표지를 붙여서 철하고 계시던 참이었습니다. 학기말인 3월말에 하셨어야 되었는데, 분주한 일이 있었기 때문에 이제까지 미뤄지게 되었다고 합니다.

　내가 와서 바로 치우려고 하시는 것을 억지로 말려 도와 드렸는데, 시험지를 한 장도 없애지 않고 모으고 계시는 것에 놀랐습니다.

　　노부코 씨는 시험지를 돌려받으면 바로 종이봉투에 넣어 두었다가 학년말에 정리하신다고 합니다.

　　1학년 때부터의 시험지도 보여 주셔서, 정리가 잘 되어 있는 것에 감동해 버렸습니다. "시험지는 하나하나 자신의 노력이 담긴 것으로, 평생 기념이 되는 것이다"라고 생각하니, 나도 갑자기 1학년 때부터의 것을 정리하고 싶어졌습니다만, 내 것은 일정한 장소를 정하여 놓아두지 않았으므로, 대부분 없어져 버렸습니다.

　　"책이나 공책은 어떻게 하고 계시나요?"
라고 물어 보니, 노부코 씨는 위쪽의 선반을 가리키며

　　"저곳에 전부 학년별로 구분하여 얹어 놓았습니다"
라고 말하셨습니다.

"정말 이런 식으로 분류하여 놓으면, 언제 꺼내더라도 편리하구나"라고 생각했습니다. 나는 때때로 학교에서 배우는 책조차도 어디에 둔 지 몰라서 대소동을 벌이는 경우가 있습니다. "이렇게 잘 정돈된 속에서 공부하면 얼마나 기분이 좋을까"하고 계속 생각하고 있자니, 그곳에 남동생이 잡지 두세 권을 가지고 와서 책장에 꽂혀 있는 잡지 사이에 각각 넣으셨습니다. 듣자니 잡지류는 호수 순서대로 꽂아 두며, 꺼내면은 나중에 분명히 원래의 장소에 꽂으신다고 합니다. 남동생 분까지도 저렇게 유의하고 계신다니, 실로 감탄스러운 일입니다.

體(tei)

조금 지나자 어머니가 부엌 쪽에서 "모직보자기를 가지고 오렴!"하고 말씀하셨습니다. 노부코 씨는 바로 장롱의 작은 서랍에서 꺼내어 가지고 가셨습니다. 보니까 서랍에는 모두 표가 붙어 있어서 "보자기" "손수건" 등 일일이 써져 있습니다. 이한 가지 것만으로도 집안이 얼마나 잘 정돈되어 있는지가 상상됩니다.

노부코 씨 집에서 나온 뒤, 나는 혼자 걸으면서 자신이 정리를 잘 하지 않는 점을 생각하며 정말 창피해졌습니다. "이제까지 자신이 정돈하지 않음으로 해서 헛되이 쓴 시간과 노력은 커다란 것이었다. 정돈이란 것은 겉모양을 꾸미는 것이 아니라 헛수고를 없애는 것이다"라고 생각했습니다.

제6과 재판

聽(ki)
張(chou)
借(syak)
互(go)
犯(han)

약속은 굳게 지키지 아니하면 안 되며, 타인에게 해를 끼쳐서는 안 된다는 것 등은 우리들이 충분히 알고 있는 것이다. 그러나 많은 사람들 중에는 그것을 지키지 않는 사람도 있다. 예를 들면, 빌린 돈을 갚을 약속날짜가 되어 아무리 재촉 받아도 돌려주지 않는 사람이 있다. 그 경우에 빌려준 사람이 빌린 사람을 재판소에 제소하면, 재판소는 양자의 주장을 들은 뒤에 빌려준 사람의 주장이 정당하다고 인정하면, 그 빚을 갚도록 빌린 사람에게 명한다. 이처럼 사람들 상호간의 소송에 대해 재판하는 것을 민사재판이라 하며, 제소한 쪽을 원고, 제소 당한 쪽을 피고라 한다.

또한 타인의 물건을 훔치거나 하는 범죄가 있었을 경우에, 국가는 그러한 불법행위가 다시 일어나지 않도록 그 범죄자를 응징하고, 아울러 세상 사람들에게 경종을 울려 줘야 한다.

罪(tsumi)

刑罰
(keibatsu)

疑(utagai)

檢(ken)

件(ken)

   그런데 어떤 짓을 하면 죄가 되는지, 그 제재로서 어떠한 형벌을 받는지는 법률로 명확하게 정해져 있으므로, 재판소는 범죄 혐의가 있는 자를 충분히 조사하여 적절하고 공평한 재판을 한다. 이 범죄자를 벌주기 위한 재판을 형사재판이라 한다. 이 경우에는 기소 당한 자가 피고이며, 검사라고 하는 관리가 원고에 해당하는 것이다.

   재판소는 국가가 개설한 기관이며, 이에는 구(區)재판소, 지방재판소, 공소원(控訴院), 대심원(大審院)의 네 단계가 있다. 재판은 사건의 경중에 따라서 처음에는 구재판소 또는 지방재판소에서 진행된다.

組織(soshiki) 處(syo) 添(soi)	그런데 구재판소의 재판에 불복하는 자는 지방재판소에 상소하고, 그 재판에도 여전히 불복하는 자는 더 나아가 대심원에 상소한다. 또한 지방재판소에서 진행된 최초의 재판에 불복하는 자는 공소원, 대심원에 순차적으로 상소한다. 이런 식으로 세 번 반복하여 재판을 받을 수 있는 조직이 이뤄져 있는 것은, 요컨대 재판을 매우 신중하게 하기 위해서이다. 　재판을 하는 것은 판사의 직무이고, 형사재판에서 국가를 대표하여 범죄자 처벌을 요구하는 것은 검사의 직무이다. 또한 민사재판에서는 원고, 피고의 상담 상대, 조력자 또는 대리인이 되어 그 주장을 돕고, 형사재판에서는 부당한 형벌이 가해지지 않도록 피고를 보호하기 위해서 변호사라는 사람이 있다.

極(kiwa)	재판의 목적은 결코 사람들을 다투게 하거나 또는 처벌하는 것이 아니다. 이 세상을 도리에 벗어나거나 죄악이 횡행하지 않는 평화롭고 질서 바른 사회로 만드는 것이 그 목적이다. 만약 재판이 없다고 한다면 사람들 서로간의 다툼이 끝없이 일어나고, 게다가 그 다툼은 힘이 센 자나 교활한 자가 이기게 될 것이다. 또한 만약 재판이 공평하게 이뤄지지 않는다고 한다면, 애써 만든 법률도 가치가 없어져 우리들은 안심하고 생활할 수 없을 것이다. 재판은 실로 정의 보호를 위한 소중한 일이며, 판사, 검사, 변호사의 임무는 대단히 중대한 것이라 할 것이다.

제7과 시즈가타케(賤嶽) 산의 일곱 자루 창

解(toki) 初(haji) 率(hiki) 督(toku)	봄은 왔다. 호쿠리쿠도(北陸道) 길의 눈도 녹기 시작하여 시바타 가쓰이에(柴田勝家)는 먼저 사쿠마 모리마사(佐久間盛政)에게 15,000 병사를 이끌고 오미(近江)지방의 야나가세(柳瀨)로 쳐들어가게 한다. 기다리던 히데요시(秀吉)는 비와코(琵琶湖) 호수 주변에 열세 곳의 성채를 만들고 여러 장수를 배치하여, 만반의 대비를 갖추고 있다. 이윽고 가쓰이에 또한 직접 50,000 병사를 재촉하여 와 모리마사의 군사에 합류한다. 　때는 덴쇼(天正)11년(1583년) 4월 20일 새벽녘, 열세 군데의 안쪽에 있는 오이와야마(大岩山) 산의 성채에서 몇 마리인가의 말을 끌고 요고코(余吳湖) 호숫가로 내려오는 칠팔 명의 병졸들이 있었다.

際(giwa)
冷(hiya)
沿(so)
筋(suji)
斬(kiri)
軍(ikusa)

　물가로 다가와서 말의 발을 식히려던 참에, 뜻밖에도 한 무리의 적이 호숫가로 난 외길을 아주 급히 서둘러 다가온다. 당황하여 도망가려 하지만 때는 이미 늦어서 대부분 느닷없이 베여 쓰러진다.
　간신히 도망쳐 살아난 병졸 한두 명이 말을 달려 돌아와 위급함을 알리자, 성채를 지키는 장수 나카가와 기요히데(中川清秀)는 병졸을 지휘하여 막아 싸운다. 그렇지만 허를 찔린 갑작스런 싸움에 기요히데 등의 분투는 그 보람도 없이, 기요히데는 전사하고 성채는 함락되어 전투는 오전 중에 끝나 버렸다.

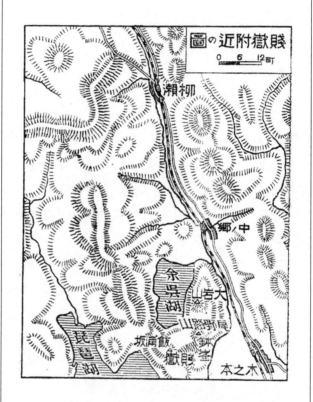

　공격군의 장수 사쿠마 모리마사는 오늘의 전투에 승리해 의기양양하여, 내일은 앞서 나아가 시즈가다케 산의 성채를 함락시키고 일거에 적을 산산조각 내고자 자신은 오노로야마(尾野路山) 산에서 야영하며, 오이와야마 산, 하치가미네(鉢峯) 산 등의 요소요소에 각각 장졸들을 배치시켰다.

| 直(sugu)
之(no)
新(ara)
算(san) | 　밤이 이슥해져서 하치가미네 산을 지키는 한 병졸이 문득 동남 방향을 바라보니, 미노지(美濃路) 길 방면에 횃불의 불빛이 어마어마하고, 뭔지 알 수 없는 소리가 와삭와삭 하며 밤의 적막을 깬다. 이것은 예삿일이 아니라고 생각하여 오노로야마 산에 있는 본영에 급히 알리자, 모리마사가 바로 척후병을 보내어 살펴보게 하니, 어찌하여 이런 일이! 쏟아져 나오는 적의 대군이 기노모토(木之本) 부근에 가득하다고 보고해 온다. 아군은 오늘의 전투로 장수, 병졸 모두 지칠 대로 지쳐서 쓸모가 있을 것 같지도 않다. 이대로 첫 출전한 병사들을 맞이하여 싸워서는 만분의 일의 승산도 없다. |

食(syoku) 旨(mune)	모리마사는 승리하여 신중하지 아니하고 방심한 것을 후회하면서 급히 어둠 속에서 퇴각하기 시작했다. 　기노모토에는 히데요시가 와 있다. 이에 앞서 히데요시는 오다 노부타카(織田信孝)를 공격하며 오가키(大垣)에 있었는데, 20일 정오에 오이와야마 산의 패전 소식에 접한다. 마침 점심 밥상을 마주하고 있던 히데요시는 들고 있던 젓가락을 내던지며 "좋아, 이겨 줄 테니까!"라고 손뼉 치고 기뻐하며, 우선 50명의 병사들에게 그 취지를 주지시켜 먼저 출발시키고, 장졸들이 다 모일 때까지 기다리지도 않고 곧 바로 "모두들 뒤를 따르라!"라고 하며, 말에 채찍을 가하여 오미로 향한다.

追(tsui)	50명의 병사들은 가는 도중에 농부들을 모아 횃불을 피우게 하고, 식량을 준비하게 한다. 밤으로 접어드니 눈에 들어오는 모든 횃불이 대낮을 방불케 하는 중에, 15,000명의 군세가 무서운 기세로 진군하여 한밤 중 쯤에는 벌써 기노모토에 도착하였다. 스무날의 달은 떠올랐다. 퇴각하는 군사는 이 달빛에 조금 의지할 수 있었지만, 히데요시의 군사는 이미 곳곳의 성채에서 온 수비병들과 합류하여 대단히 빨리 추격한다. 날이 밝아 21일 아침, 모리마사는 시즈가다케 산에서 북서쪽에 해당하는 고지로 병사들을 후퇴시켜 전열을 가디듬었는데, 이때까시노 한노우라(飯浦) 고개에 남아서 쫓아오는 적을 막고 있던 동생 가쓰마사(勝政)에게 퇴각을 명했다.

況(kyou) 武(bu)	이제까지 시즈가다케 산 정상에서 눈 하나 깜박하지 않고 전황을 보고 있던 히데요시는 가쓰마사가 꽁무니를 빼는 것을 보고, 지체 없이 화승총 부대에 신호를 하여 총격을 퍼부으니, 적군은 순식간에 픽픽 쓰러져서 전 군사가 바야흐로 무너지려한다. 히데요시는 아득히 멀리서 이를 바라보며, 본진(本陣)의 젊은 무사들을 엄한 얼굴로 쳐다보고 "공(功)은 세우기 쉽도다! 공격해 공격!" 이라고 큰 소리로 말했다.

音聲(onsei) 桐(giri) 突(tot) 突(tsu)	"알겠습니다!" 라고 하며 후쿠시마 마사노리(福島正則), 가토 기요마사(加藤清正), 가토 요시아키라(加藤嘉明), 히라노 나가야스(平野長泰), 와키자카 야스하루(脇坂安治), 가스야 다케노리(糟屋武則), 가타기리 가쓰모토(片桐且元) 등의 사나운 무사들이 용맹이 펄펄 넘쳐 돌진한다. 　그 중에서도 가토 기요마사는 산등성이의 벼랑길에서 적장 야마지 마사쿠니(山路正国)를 만나 미늘창을 당겨 쥐고 찌르며 덤빈다. 마사쿠니도 창으로 맞서서 한동안 방어하며 싸우는데, 갑자기 창을 내던지고 두 팔을 크게 빌리며 　"맞붙어 싸우자!" 라고 외친다.

押(oshi)
伏(hu)
拔(nu)

　　바로 맞붙은 두 용사가 서로 잡고 밀며 싸우는 동안에, 이윽고 기요마사가 마사쿠니의 팔을 비틀어 제압했다. 마사쿠니는 팔이 비틀려 눌리면서 기요마사의 갑옷 자락을 꽉 잡는다. 기요마사는 칼을 뽑으려 하지만 투구자락이 진달래 가지에 걸려서 몸을 자유로이 움직일 수 없다.

轉(koro) 稱(syou)	마사쿠니는 잘 됐구나 하며 힘껏 땅을 밟고 뒤집으려 했지만, 잘못 밟아서 까딱하면 계곡 아래로 굴러 떨어질 뻔 한다. 기요마사가 재빨리 투구 끈을 자르니, 투구는 진달래 가지에 남고, 두 사람은 꼭 엉긴 채로 50여 미터를 데굴데굴 굴러 떨어진다. 　마침내 마사쿠니의 목은 기요마사의 손에 들어갔다. 　후쿠시마 마사노리 이하 여섯 사람 또한 각각 유명한 장수를 죽이고, 무사로서의 이름을 천하에 떨쳤다. 사용한 무기는 모두 창이었기 때문에, 세상 사람들은 이를 일컬어서 시즈가다케 산의 일곱 자루 창이라 한다.

제8과 세토나이카이(瀬戸内海)

接(setsu) 關(seki)	본토의 서쪽으로 규슈(九州)와 서로 가까이 인접한 곳에 시모노세키(下關)해협이 있다. 시코쿠(四國)의 서쪽에는 사다(佐田)곶이 규슈를 향하여 길게 튀어나와 호요(豊豫)해협을 이룬다. 아와지시마(淡路島) 섬의 동쪽 끝부분이 본토와 마주보는 곳은 기탄(紀淡)해협이 되고, 시코쿠에 가까운 곳은 나루토(鳴門)해협이 된다. 

未(ima) 廻(mawa) 覚(za)	이 네 해협에 둘러싸인 가늘고 긴 내해(內海)를 세토나이카이라 한다. 세토나이카이에는 도처에 곶이나 만이 있으며, 크고 작은 무수한 섬들이 곳곳에 흩어져 있다. 배가 그 사이를 지나갈 때, 섬인가 하고 보면 곶이고, 곶인가 하고 보면 섬이다. 섬 하나가 아직 시야에서 사라지지 않았는데 다른 섬 하나가 나타나며, 바닷길이 끝나는가 싶더니 또다시 바로 열린다. 이리하여 섬을 돌고 바다를 돌아 그 끝나는 곳을 알 수 없다. 봄에는 섬에 있는 산들이 안개에 싸여 잠자는 듯하고, 여름에는 산과 바다 모두 푸르러 정신이 확 들 정도로 선명하다.

覚(za)
鏡(kagami)
没(botsu)

양쪽 바다기슭과 섬들에는 눈에 보이는 논밭이 모두 잘 정리되어 있어서 양탄자를 깐 듯하고, 하얀색 벽의 민가들이 그 사이로 여기저기 있다.

바다의 고요함은 거울과 같고, 아침햇살과 석양빛을 받으며 섬에 가려져 가는 흰 돛단배의 모습도 한가롭다. 달빛이 잔잔한 물결에 부서지고, 고기잡이 불빛이 파도 사이로 나타났다 사라지는 야경 또한 한층 정취가 있다.

古(inishie) 興(kyou)	세토나이카이 연안에는 오사카(大阪), 고베(神戶), 오노미치(尾道), 우지나(宇品), 다카마쓰(高松), 다도쓰(多度津), 다카하마(高濱) 등의 좋은 항구가 많고, 기선(汽船)들이 끊임없이 운항하여, 멀리서나 가까이서나 검은 연기가 창공에 기다랗게 끼어 있는 것을 본다. 　세토나이카이의 연안 및 여러 섬에는 명승지가 적지 않다. 이쓰쿠시마(嚴島)는 예로부터 일본 삼경(三景)의 하나로 손꼽혀서 특히 유명하고, 야시마(屋島), 단노우라(壇浦)는 겐페이(源平)의 옛이야기로 사람들에게 아주 애절한 감흥을 일으킨다. 우리나라를 유람한 서양인들은 이 세토나이카이의 풍경을 칭찬하여, 세계적으로 뛰어난 해상공원이라 하였다.

제9과 조림(造林)

障(syou) 一昨年 (ototoshi)	장지문을 열어 보니 아직 비가 내리고 있다. "이러면 내일 산을 둘러볼 수는 없겠구나"라고 생각하면서 책상에 기대어 건너편을 바라보니, 구불구불 이어지는 언덕이 비에 뿌옇게 흐려져서 아련하게 멀리 보인다. "저기가 재작년에 옮겨 심은 지조산(地蔵山)이구나"라고 생각하니, 산등성이에 나 있는 좁은 길을 사이에 두고 1.5미터 정도로 자란 어린 삼나무가 힘차게 늘어서 있는 모습이 눈에 보이는 듯한 느낌이 든다.

伐(bat) 峯(mine) 苗(nae)	"그곳에 옮겨 심었을 때는 아직 추웠었지!"라고 회상하면서, 조금 전 아버지의 분부로 내일 일을 준비하기 위해 꺼내어 놓은 조림지(造林地) 문서를 펴 본다. 지도 속의 연록색으로 칠해져 있는 것이 재작년에 옮겨 심은 곳이고, 빨간 선으로 에워싸인 부분이 금년에 벌채할 곳이며, 그리도 또 계속해서 여러 가지 표시가 되어 있다. "지조산 중의 약 230아르, 산봉우리 길에 노송나무 묘목, 그 외는 모두 삼나무 묘목. 한 평 당 한 그루의 비율" 이라고 아버지가 직접 쓰셨다. 재작년에 옮겨 심었을 때의 메모이다.

그 당시

"이렇게 사이를 띄어 놓아도 괜찮습니까?"

하고 내가 물었더니 아버지가

"빨리 간벌(間伐)을 하여 가는 목재를 얻을 목적인 곳에서는 한 평에 두 그루나 세 그루도 심지만, 이 부근에서는 굵은 목재를 얻는 쪽이 이익이므로, 이렇게 사이를 두고 심는 거란다. 두고 보려무나! 이 정도로 띄어서 심어도 십오륙 년째에는 간벌을 하지 않으면 안 되게 될 테니까."

라고 말하며 웃고 계셨다.

옮겨 심은 묘목이 말라 버린 곳에 다시 심는 것은 그 다음해 한 번뿐이라 하니, 올해는 이제 심지 않아도 될 것이다.

斜(sya)
伐(kiri)
髪(patsu)

　밑에 자란 잡초를 베는 일은 언제나 입추 이전의 한여름에 하므로 대단히 힘들었지만, 그래도 나무들이 경쟁하듯이 줄기를 세우고 쑥쑥 자라고 있는 것을 보면 아주 기쁘다. 나무들도 내려다보이는 것이 싫은지, 경사면 등에 심은 나무는 낮은 곳에 있는 것일수록 빨리 자라서, 나뭇가지 끝의 차이가 점점 적어져 가는 것도 흥미롭다.

　매년 초봄이나 겨울 중반에 하는 가지치기는 재미있는 일이다. 손도끼나 낫 등으로 덩굴풀을 걷어내고 아래가지를 쳐내려 가면, 이제까지 양쪽 가지와 가지가 서로 엉키어 있던 것이, 갑자기 간격이 생겨 정말로 기분 좋게 보인다. 언젠가도 형이

　"삼나무가 이발했네!"

라고 말하여 모두를 웃게 한 적이 있다.

節(hushi)	아버지 말씀에 의하면, 가지를 치면 산불의 위험을 방지하고, 또한 공기의 소통이 좋아져서 벌레가 먹지 않게 된다고 한다. 그리고 처음으로 들어서 흥미롭게 생각한 것은, 가지치기를 하지 않으면 나무에 옹이가 생긴다는 것이다. 살아 있는 가지나 말라죽은 가지나 그대로 놔두면, 나무가 굵어짐에 따라서 그 가지를 싸 가므로 그곳이 옹이가 되는 것이라 한다. 

심을 때 내가 도왔던 저 삼나무랑 노송나무는 어느 때가 되면 베는 것일까? 용도에 따라서 삼십 년째부터 오륙십 년째 정도 사이에 자른다고 하니까, 가장 빨리 벤다고 하더라도 그때는 내가 아버지 정도의 나이가 되는 셈이다. 올해 자르게 될 나무는 아버지가 어렸을 때 심은 것이라고 하는데, 벌써 줄기 둘레가 90여 센티미터나 되는 것이 상당히 보인다. 아버지는 "조림은 저금 같은 것이어서, 심어 놓기만 하면 해마다 자라서 이자가 붙어 간다"라고 자주 말씀하시는데, 정말로 그러하다.

멍하니 이런저런 것을 생각하고 있는 사이에 어느새 저녁 빛이 사방에 감돌고, 건너편 산도 어슴푸레 저물어 간다. 아! 서쪽 하늘이 어렴풋이 밝다. 내일은 날이 맑을 지도 모르겠다.

제10과 편지

音(in) 祈(ino)	하루타 노부타로 님께 　삼가 올립니다. 오랫동안 격조하여 실례하였사옵니다. 그런데 어제 그쪽에서 돌아오신 가와이(河井) 씨의 말씀에 의하면, 귀형(貴兄)께서 지난달 이래 몸이 편찮으신데다 한때는 상당히 중태에 빠지셨다니, 뜻밖의 일에 크게 놀랐사옵니다. 하지만 요즈음은 많이 차도가 있으시다니, 부디 충분히 섭생하시어 하루라도 빨리 완쾌하시도록 간절히 기원 드리옵니다.

宜(yoro)
田舎(inaka)
宜(gi)
計(haka)
納(nou)

아시는 바와 같이 이곳에는 온천이 있는데, 병후(病後)의 요양에는 특히 좋다고 하옵니다. 아무래도 시골이어서 모든 것이 불편하기는 하옵니다만, 만약 왕림하신다오면 가능한 한 모든 편의를 도모하고자 하옵니다. 아울러 이곳에서 생산된 갈분(葛粉)을 문병의 표시로 조금 보내 드리오니 받아 주셨으면 합니다. 우선은 이와 같이 문안드리옵니다. 삼가 글월 올렸습니다.

5월 5일
바바 요스케

構(kou)
心地 (kokochi)
衰(otoro)
肺(hai)
幸(saiwai)
仰(oose)
從(shitaga)

바바 요스케 님께

　삼가 답장 올립니다. 친절하신 편지를 감사히 받아 보았사옵니다. 그리고 또 좋은 갈분을 보내주셔서 후의에 깊이 감사드립니다. 실은 지난 달 10일경부터 감기 기운으로 두문불출하고 있었사옵니다만, 그 후로 여하튼 병세가 나아지지 않고 결국 폐렴을 일으켰사옵니다. 그러나 다행히 경과가 양호하여 열도 약 2주 남짓 하여 완전히 떨어졌사옵니다. 이제 날이 조금 지나면 타지에 다녀와도 괜찮으리라고 의사도 말하고 있사오니, 어쩌면 말씀하신 대로 조만간 그곳에 갈지도 모르겠사옵니다. 가게 되면 부디 잘 부탁 올립니다. 우선은 답례인사 드립니다. 삼가 글월 올렸습니다.

　　　5월 8일
　　　하루타 노부타로

제11과 화가의 고심

寄(ki)
衣(i)
費(tsuie)
技(waza)
愚(gu)

　옛날에 센슈(泉州)지방 사카이(堺)의 어떤 절에 어느 화가가 기거하고 있었는데, 그림 한 점 그리지도 않고 매일 빈둥대며 지낸 지가 벌써 수년이 지났다. 주지스님은 이해할 수 없는 일이라 생각하여, 어느 날 그 화가에게

　"자네는 그림으로 일가를 이룰 수 있는 사람인데, 수년 동안 한 번도 붓을 잡으신 적이 없네. 물론 나는 입고 먹는 비용이 드는 것을 아까워하는 것은 아니지만, 언제까지나 이렇게 계실 수 없으므로, 이제는 어디로든 가서 자네의 솜씨를 발휘하시게나. 소승도 볼일이 있어서 상경하여 어쩌면 한두 해 머무를지도 모르겠네."

라고 말하자

過(sugo) 彼処(asoko)	화가는 "거참, 헤어지기 아주 섭섭한 일이네요. 그렇다면 은혜에 감사하는 뜻으로 뭔가 그려서 찾아뵙지요." 라고 하며 각오를 한 듯했지만, 여전히 손에 붓도 잡지 않고 여러 날을 보냈다. 　어느 날 밤 동자승이 주지스님의 거소로 와서 "저기에 가서 그 화가가 하는 모습을 보시지요." 라고 귓속말을 하여, 주지스님이 살며시 가서 보니, 화가는 장지문에 몸을 바싹 붙이고 여러 가지로 자세를 바꿔가면서 누웠다 일어났다 하는 모습이다.

筆(hit) 凡(bon) 妙(myou) 寝(i) 独(hitori)	방해하는 것도 분별없는 일이라 생각하여 주지 스님은 그대로 잠자리에 들었다. 　다음날 아침 화가는 평소와 달리 일찍 일어나서, 맹장지를 향하여 끊임없이 붓을 움직이고 있다. 그가 그리는 것은 모두 학으로, 붓놀림이 비범하고 빛깔의 뛰어남이 이루 말할 수 없다. 이리하여 다음날 밤은 어떠한가 해서 살펴보니, 전날 밤과 같이 화가는 밤새도록 자지 않고 내일은 이렇게 그려야지 등의 혼잣말을 하고 있어서, 주지스님은 여전히 모른 척하며 지나쳤는데, 열흘 남짓 되어 장지문의 학은 스물너덧 마리가 되었다.

更(hu) 間(to) 言(koto)	그 후 또 다시 밤이 깊어져 들여다보니, 이번에는 팔꿈치를 편 채 발을 뻗고 손을 입에 대어, 학이 누워 있는 모습을 하고 있다. 날이 밝아 주지스님은 화가를 향하여 　"오늘 그리시려는 학의 모습은 이러하겠지요?" 라고 하며 밤중에 화가가 했던 모습을 흉내내어 보여주자 화가는 놀라며 　"내 마음 속으로 구상한 것을 어떻게 해서 아실 수 있는지요?" 라고 묻는다. 주지스님은 　"어젯밤에 훔쳐보고 알았소." 　이 한마디를 듣자마자 화가는 그 장지문의 학 그림을 다시는 그리지 않고, 단지 삼나무 미닫이 문에 노송나무 한 그루를 그리고 동쪽지방으로 떠나갔다.

아직 한 달도 지나지 않았는데 느닷없이 그 화
가는 돌아왔다. 주지스님은 놀라며
"동쪽지방으로 가신다고 들었는데, 지금 여기에
다시 오신 것은 무엇 때문이오?"
라고 물으니 화가는
"지난번에 그린 노송나무가 어딘지 부족한 데가
있어서 마음에 걸렸었는데, 동쪽지방으로 내려가
는 도중에 하코네야마(箱根山) 산속에서 가지 모양
이 좋은 노송나무를 발견하여, 그 의미를 터득하
였기에 보완하기 위해 돌아온 것이오."
라고 하며 나뭇가지 하나를 그려 넣고 다시 이별
을 고한 후 떠나갔다고 한다.

제12과 고무

形(gyou)
消(ke)
管(kan)

　자동차나 자전거의 타이어, 고무공, 고무인형, 지우개, 고무신, 고무관, 고무풍선 등 헤아려 보니, 고무로 만든 것은 정말로 많다. 도대체 고무는 무엇으로 어떻게 만드는 것일까?

　고무는 열대지방에 나는 어느 식물에서 채취하는 백색의 액체를 원료로 하여 제조한 것이다. 이 액체가 나는 나무를 보통 고무나무라 하고 있다. 고무나무에는 종류가 많으며, 가장 좋은 것은 파라고무라 한다. 오늘날 세계에서 쓰는 고무의 대부분은 이 나무에서 채취한 것이다. 옛날에 이 종류의 고무가 주로 남미 브라질의 파라지방에서 생산됐기 때문에 파라고무라는 이름이 생겨난 것이다.

激(geki)

　　브라질 부근에서 고무를 제조하기 위해서는 산
야에 자생하는 고무나무에서 원료를 채취하는데,
근년에 고무의 수요가 급증하여 영국인들은 말레
이반도에 있는 영지(領地)에 파라고무나무를 옮겨
심기에 이르렀다.

다른 나라 사람들도 이를 배워, 남양(南洋)에서
의 고무 재배는 대단히 활발해지게 되었다. 남양
은 일 년 내내 온도가 높고 강우량이 많아서, 고무
나무의 발육에는 가장 적절하다.

森(shin)
傷(kizu)
練(ren)

   말레이반도, 네덜란드령 동인도 등에는 일본인이 경영하고 있는 고무농장도 많이 있다.

   이 지역에서 고무를 재배하기 위해서는, 먼저 삼림을 불태우고 그 자리에 씨를 뿌리든가 또는 묘목을 옮겨 심는데, 이것이 자라서 기리쓰케(切付)를 하기까지는 5, 6년이나 걸린다.

   그동안에 풀을 뽑거나 호랑이나 코끼리가 파헤치러 오는 것을 방지하는 등 고심은 여간해선 보통이 아니다. 기리쓰케라는 것은 고무나무에서 액체를 채취하기 위하여 나무줄기에 주머니칼로 상처 내는 것을 말한다. 기리쓰케에는 상당히 숙련된 기술이 필요하다.

元(gan) 乳(nyuu) 除(nozo)	원래 고무 액체는 나무줄기의 껍질 부분과 목질(木質) 부분의 사이에 있는 유관(乳管)조직이라는 곳에서 나오는 것이므로, 이 조직이 있는 곳까지 주머니칼이 다다라야 하며, 게다가 그보다 깊게는 상처 나지 않도록 해야 한다. 이 상처로부터 나오는 고무액체는 흘러내려서 아래에 있는 컵에 모여지는 것이다. 　고무농장의 사람들은 매일 아침 어두울 때에 일어나서, 책임을 맡은 나무에 이 기리쓰케를 모두 한다. 그 일이 끝나면 이번에는 양동이를 들고 컵에 모여진 액체를 모으며 도는 것이다. 모은 액체는 공장으로 가지고 가 우선 걸러서 불순물을 제거하고, 그 다음에 약품을 넣고 굳혀서 기계로 얇게 늘려 건조시키는 것이다.

여기까지가 원산지에서의 일이다. 이렇게 하여 만들어진 고무는 각국의 공장으로 운반되어 가류법(加硫法)이 행해진다. 가류법이란 고무에 유황을 섞는 것으로, 이렇게 하면 고무의 탄력이 크게 늘어나게 된다. 이것을 각각 용도에 맞춰서 더욱 가공하는 것이다.

전기기계나 만년필 몸통 부분 등에 사용하는 에보나이트라는 것도 고무로 만든다. 근래에 마룻바닥의 깔개나 도로에도 고무가 사용되어 왔다.

고무의 용도는 해가 지남에 따라 더욱더 확산될 따름이다.

제13과 상어

옛날에 아프리카의 어느 항구에 한 척의 배가 정박해 있었을 때의 이야기이다.

열대의 더위에 견디지 못하고 있던 선원들은 선장으로부터 수영을 허락받았기에 앞 다투어 바다로 뛰어들었다. 배에는 선장과 노포수(老砲手)만이 남아 있었다.

선원들은 정말로 기분 좋은 듯이 이리저리 헤엄치고 있었는데, 그 중에서도 기뻐하는 듯이 보인 것은 열서너 살 되는 두 소년이었다. 두 사람은 다른 사람들로부터 훨씬 떨어져서, 먼바다에 있는 부표를 목표지점으로 하여 수영 겨루기를 하고 있었다. 한 사람은 노포수의 아들이다.

처음에는 20미터 이상이나 상대를 앞지르고 있었는데, 어찌된 일인지 갑자기 상대에게 따라잡혀 3, 4미터나 뒤처져 버렸다. 이제까지 싱글벙글하며 바라보고 있던 노포수는 갑자기 마음을 졸이면서 "힘내거라! 지지마 지지마!"라며 갑판에서 계속 응원했다.

마침 그때 "상어다 상어!"라고 하는 선장의 날카로운 외침이 들렸다. 노포수가 놀라서 건너편을 보니, 배에서 삼사백 미터 되는 곳에 커다란 상어 머리가 보인다. 사람들은 외치는 소리에 놀라고 당황하여 앞 다투어 배로 돌아왔다. 그러나 두 소년은 아직 알지 못하는 듯하다.

夢(mu)

　노포수는 미친 사람처럼 되어 "도망해 도망!"이라며 목청껏 외치고 있지만, 두 사람의 귀에는 들리지 않는지, 열심히 수영 겨루기를 계속하고 있다.

　구조 보트는 바다에 내려졌다. 그러나 아무리 해도 시간적으로 가능할 것 같지도 않다. 그 사이에 두 사람은 상어가 다가오는 것을 눈치 챘다.

　놀라서 열심히 도망치려 하며 서두르고 있지만 이미 늦었다. 상어는 벌써 십수 미터 가까이로 다가와 있다.

　섬뜩할 정도로 창백하게 변한 노포수의 얼굴에는 결심의 기색이 엿보였다. 재빠르게 대포 옆으로 다가가 서둘러서 탄환을 재고 목표물을 조준했다.

果(ka) 煙(en)	상어의 입은 이제 거의 소년들에게 닿아 있다. 　사람들이 무의식중에 "앗!"하고 외친 순간에 쾅하고 엄청난 한 발의 대포 소리가 울려 퍼졌다. 　포수는 그 결과를 보는 것이 두렵기라도 한 듯이, 손으로 얼굴을 감싸고 대포 위에 푹 엎드렸다. 　자욱한 대포 연기가 걷혀 감에 따라, 먼저 눈에 들어온 것은 커다란 상어의 사체였다. 　와! 하고 일시에 환성이 일어났다. 　두 소년은 보트에 실려 돌아온다. 노포수는 대포에 기대어 침묵한 채로 물끄러미 그 모습을 바라보고 있다.

제14과 홋카이도(北海道)

直(sugu) 西(zai) 貫(tsura) 未(mi) 模(bo)	삿포로(札幌) 　삿포로에 와서 우선 느끼는 것은 도로가 쭉 뻗어 있고, 폭이 대단히 넓다는 점이다. 시가지는 이쭉 뻗은 도로에 의해 바둑판 눈금처럼 반듯하게 구획되어 있다. 중심 거리에는 아카시아 가로수가 푸르게 우거져 있고, 시가지의 중앙을 동서로 관통하는 폭 108미터 정도의 큰길은 차라리 공원이라 해야 할 정도로, 화단이 설치되어 있으며 동상 등도 서 있다. 미개발 상태인 토지를 개척하여 구상한 대로 설계하여 만든 도시이므로, 모든 것이 대규모이며 시원시원하다. 　시외의 마코마나이(真駒内) 및 쓰키삿푸(月寒)[1]에는 큰 목장이 있다.

---

1) 현재의 삿포로 시 도요히라(豊平) 구에 있는 지명으로 1944년부터 '쓰키사무'라 부른다.

放牧
(houboku)

緑(ryoku)

끝도 없이 눈에 들어오는 벌판에 방목하는 말과 소가 여유롭게 풀을 뜯는 모습이나 파란 풀 사이로 양들이 떼를 지어 노는 모습은 실로 한가롭다.

가리카치(狩勝)의 전망

다키카와(瀧川)에서 네무로(根室)행 기차를 타니, 약 다섯 시간 후에 이시카리(石狩)와 도카치(十勝)의 경계에 있는 가리카치 고개에 도착한다.

拔(batsu) 暗(an) 如(jyo) 恐(oso) 浪(nami) 折(setsu)	이 고개에는 긴 터널이 있는데, 그 주변은 해발 약 540미터로, 홋카이도 철도 연선(沿線) 중에서 가장 높은 곳이다. 기차는 밀림 사이를 힘겹게 빠져나와 이윽고 터널로 들어간다. 잠시 암흑 속을 지나 다시 광명의 세계로 나왔을 때, 갑자기 눈앞에 전개된 풍경은 웅대하다고 할까, 장쾌하다고 할까, 아마도 홋카이도 제일의 장관일 것이다. 오른쪽에는 히다카자카이의 산들이 큰 물결처럼 늘어서 있고, 눈 아래에는 넓디넓은 도카치의 대평원이 아득하게 이어지며, 끝부분은 파란 하늘과 맞닿아 있다. 기차는 무인지경(無人之境)을 구불구불 내려간다.

峯(mine)
条(suzi)
殆(hoton)
僅(wazu)

그림으로 그린 듯이 아름다운 산의 좌우에 나타나는 것은 사호로 산 연봉(連峯) 중의 하나일 것이다. 아득히 먼 아래에서 한 줄기의 하얀 연기를 내뿜으며 보였다 안 보였다 하는 상행선 열차는 꼭 장난감처럼 보인다.

도카치 평원

도카치가와(十勝川) 강 유역 일대의 광야는 이른바 도카치 평원으로, 그 중심을 이루는 것은 오비히로(帶広) 마을이다. 메이지(明治)16년(1883년) 이곳에 열세 가구의 농가가 이주해 온 것이 이 고장의 시초였다. 당시 이 부근은 개척되지 않은 황무지로 교통편도 거의 없고, 다만 기껏해야 도카치가와 강을 오르내리는 아이누족의 통나무배를 빌려 타는 정도에 지나지 않았다.

그러던 것이 지금은 인구 약 2만 명에 가구 수 약 4천을 헤아리는 훌륭한 고장이 된 것이다.

이 부근의 농업은 모두 규모가 크다. 밭을 보더라도, 좁은 밭길로 세세하게 경계를 가르지 않으므로, 한 떼기의 밭에서 이랑이 500여 미터고 1,000여 미터고 기다랗게 이어지고 있는 것이 적지 않다. 이처럼 넓은 밭이기 때문에 밭갈이를 하는 데에도, 밭이랑을 만들거나 씨를 뿌리는 데에도, 대개 기계와 말의 힘에 의지한다.

株(kabu)	그 중에는 트랙터를 이용하여 완전히 대규모농업 방식으로 하고 있는 곳도 있다. 트랙터는 마치 군용 탱크 같은 모양으로, 가솔린 발동기가 달려 있다. 이것이 커다란 쟁기를 몇 개나 끌며 엄청난 기계 소리를 내면서 느릿느릿 돌아다니면, 밭이 약 3.5미터 정도의 폭으로 일궈진다. 또한 개간을 하는 경우에는, 서 있는 나무나 그루터기의 밑동을 파 놓고, 그 부분에 쇠사슬을 걸어서 이 트랙터로 끌어당기면 우지직 소리를 내며 뿌리 채 뽑혀 버린다.

習(syuu)
識(shiki)
吸(kyuu)

　농업인은 대부분 옛날 습관에 구애받기 쉬운 법인데, 이 부근에서는 새로운 지식을 받아들이고 신식 농기구를 사용하여, 신식 방법에 의해 적극적으로 토지를 개간해 간다. 끝없이 이어지는 광야 속에서 사람들은 자유로운 대기를 호흡하며, 흙 내음에 친숙해져 즐겁게 일하고 있다.

　도카치 평야는 기분이 한껏 상쾌해지는 곳이다.

제15과 사람과 불

落(raku)
樹(jyu)
智(chi)

"인간은 불을 이용하는 동물"이라고 말하고 있는 것처럼, 불을 사용하는 것은 인류뿐으로 다른 동물에서는 볼 수 없는 점이다.

도대체 인간은 처음에 어떻게 하여 불을 얻은 것일까? 추측하건데 낙뢰 때문에 나무가 불타거나, 빽빽하게 자라는 나무들의 가지와 가지가 서로 마찰하여 발생한 자연적인 불에서 불씨를 얻은 것일 게다. 그러는 동안에 점점 인간의 지혜가 발달함에 따라서, 나뭇조각을 서로 문질러서 불을 얻는 방법을 깨닫게 되었다.

그 후 조금 더 진보되자 돌이나 쇠를 서로 부딪쳐서 불을 일으키는 방법을 고안하게 되었다. 이 방법은 여러 나라 사람들 사이에서 광범위하고도 아주 오랫동안 사용되고 있었지만, 성냥 사용이 확산됨에 따라서 쇠퇴해졌다.

燃(nen)	성냥은 지금으로부터 약 100년 전에 발명된 것이다. 불에서 나오는 열은 처음에는 주로 음식물을 조리하는 데에 사용한 듯하지만, 시대가 진보하여 연료의 종류가 늘어남에 따라서, 불의 용도도 점점 확산되어 왔다. 목탄이나 석탄, 석탄가스의 불은 방을 따뜻하게 하거나 음식을 삶거나 하는 데에 쓰이고, 석탄불은 목탄불보다 온도가 훨씬 높으므로, 기차나 기선, 공장의 무거운 기계를 움직이는 데에 소중한 것이 되었다. 　등불로는 처음에 소나무나 물고기 및 짐승의 기름 등을 사용했었는데, 그 후 양초나 유채기름이 사용되었고, 석유램프나 가스등이 이를 대신하였으며, 지금은 전기를 이용한 전등이 사용되게 되었다.

完(kan)	이리하여 인간은 어두운 세계로부터 점점 밝은 세계로 인도되어 온 것이다. 　　"필요는 발명의 어머니"이다. 인간은 생활상의 필요에 의해 발화법(發火法)을 고안하고 연료를 연구하여, 열과 빛을 모든 방면에 이용하는 것을 생각해 왔다. 그러나 열이나 빛의 제조법과 이용법은 결코 이로써 완성되었다고 할 수 없을 것이다. 장래에는 또 어떤 것이 발명될지도 모른다.

제16과 묵언수행(默言修行)

閉(to) 灯(akari) 消(ki)	어느 산사(山寺)에서 네 명의 승려가 한 방에 칩거하여 7일간의 묵언수행을 시작했다. 동자승 한 사람만 자유롭게 실내로 출입하게 하여, 여러 가지 시중을 들게 하였다. 　밤이 깊어짐에 따라 등잔불이 점점 어두워져서 금방이라도 꺼질 듯하게 되었다. 말석에 앉아 있던 승려는 그것이 신경 쓰여서 어찌할 바를 모른다. 무심코 말을 해 버렸다. 　"동자승, 어서 등잔 심지를 돋우어 줘!" 　옆에 앉아 있던 승려가 이를 듣고 　"묵언수행 중에 말을 하는 법이 있나!" 　두 번째 자리의 승려는 두 사람 모두 규칙을 깨뜨린 것이 불쾌하여 참을 수 없다. 　"당신들은 어처구니없는 사람들이야." 　세 사람 모두 말을 해 버렸으므로, 상석의 노스님이 짐짓 으스대는 듯한 표정을 지으며 　"말을 하지 않은 것은 나뿐이야!"

제17과 마쓰사카(松坂)의 하룻밤

泊(toma)	모토오리 노리나가(本居宣長)[2]는 이세(伊勢)지방의 마쓰사카 사람이다. 젊었을 때부터 독서를 좋아하여, 장래 학문으로 입신(立身)하고자 열심히 공부하고 있었다. 　어느 여름의 중반쯤에 노리나가가 예전부터 책을 구입하던 헌책방에 가니, 주인은 상냥하게 맞이하며 　"이거 참 아쉬운 일이네요. 당신이 만나고 싶다고 자주 말씀하시는 에도(江戶)의 가모노 마부치(賀茂真淵)[3] 선생께서 조금 전에 오셨었습니다." 라고 말한다. 너무나 뜻밖의 말에 노리나가는 놀라서 　"선생님께서 어찌하여 이쪽에?"

---

2) 1730~1801. 에도(江戶)시대의 국학(國學) 연구자, 문헌학자
3) 1697~1769. 에도시대의 국학(國學) 연구자, 가인(歌人)

"잘은 모르지만 야마시로(山城)와 야마토(大和)
지방 쪽의 여행이 끝나서, 이제부터 신궁(神宮)에
참배하신다고 합니다. 저 신조야(新上屋) 여관에
묵으시고, 아까 나가시던 도중에 '뭔가 진귀한 책
은 없나?'하시며 들러 주셨습니다."

"그거 참 애석한 일이네. 어떻게 해서든 뵙고 싶
은데."

"뒤쫓아 가신다면 대략 따라잡으시겠지요."

노리나가는 급히 서둘러서 마부치의 옷차림을
설명 듣고 뒤를 쫓았지만, 마쓰사카 마을 끝까지
가도 그분인 듯한 사람은 보이지 않는다.

다음 역참의 끝까지 가 보았지만 역시 따라잡지
못했다. 노리나가는 낙담하여 기운 없이 되돌아왔
다. 그리하여 신조야 여관 주인에게, 만일 돌아오
시거나 묵으시기라도 한다면 바로 알려 주기 바란
다고 부탁해 두었다.

訪(tobura)

　　소망이 이뤄져서 노리나가가 신조야 여관의 어느 방으로 찾아갈 수 있었던 것은 그로부터 여러 날 뒤였다. 두 사람은 어슴푸레한 행등(行燈) 불빛 아래에 마주앉았다. 마부치는 이미 일흔 살 가까이 되며, 여러 훌륭한 저서도 있어서 천하에 이름난 노대가(老大家)이다.

才(sai) 尋(zin)	노리나가는 아직 서른 살 남짓의 온화한 성품 속에, 어딘지 모르게 재기(才氣)가 번뜩이고 있는 학구적인 장년이다. 나이만 다를 뿐, 두 사람은 같은 학문의 길을 걷고 있는 것이다. 이야기를 나누는 사이에 마부치는 점점 노리나가의 학식이 보통이 아니라는 것을 알아차리고, 대단히 믿음직스럽게 생각했다. 화제가 고지키(古事記)⁴⁾에 관한 것에 이르자 노리나가는 　"저는 이전부터 고지키를 연구하고 싶다고 생각하고 있습니다. 그에 대해 뭔가 유의할 점을 말씀해 주실 것은 없으실까요?"

---

4) 712년에 편찬된 일본 최고(最古)의 문헌으로, 고대일본의 역사, 신화 등 다양한 내용이 기록되어 있다.

希(ki)
葉(you)
努(do)

"그거 좋은 것을 착안했네요. 나도 실은 우리나라의 고대(古代) 정신을 알고 싶다는 희망으로 고지키를 연구하고자 했는데, 아무래도 고어(古語)를 잘 알지 못하면 충분한 연구는 불가능하지요. 고어를 조사하는 데에 가장 좋은 것은 망요슈(万葉集)5)입니다. 그래서 순서상 먼저 망요슈 연구를 시작했는데, 어느 새 나이가 들어 버려서 고지키에 손을 뻗을 수가 없게 되었습니다. 그대는 아직 젊으니까 제대로 노력하시면, 분명히 이 연구를 크게 성공시킬 수 있겠지요. 다만 주의하지 않으면 안 되는 것은 바른 순서대로 나아간다는 점입니다. 이것은 학문 연구에는 특히 필요하므로, 먼저 토대를 쌓고 나서, 한 걸음 한 걸음 높이 올라가, 최후의 목적에 도달하도록 하시오."

---

5) 8세기 후반에 편찬된 일본 최고(最古)의 화가집(和歌集)으로, 약 4,500수에 이르는 고대 일본의 전통시가 수록되어 있다.

滅(metsu)	여름밤은 빨리 깊어 간다. 집들의 문은 이제 모두 닫혀져 있다. 노학자(老學者)의 말에 깊이 감격한 노리나가는, 미래에 대한 희망에 가슴이 두근거리면서 한적해진 거리를 자신의 집으로 향했다. 그 후 노리나가는 끊임없이 서신을 주고받으며 마부치의 가르침을 받아, 사제관계는 나날이 친밀도가 더해져 갔지만, 서로 마주할 기회는 '마쓰사카의 하룻밤' 이후 결국 오지 않았다. 노리나가는 마부치의 뜻을 이어받아 35년 동안 노력에 노력을 계속하여, 마침내 고지키 연구를 대성시켰다. 유명한 고지키덴(古事記傳)이라는 대저술(大著述)은 이러한 연구의 결과로, 우리 국문학에 있어서 불멸의 빛을 발하고 있다.

제18과 화폐

貨(ka)
幣(hei)
考(kou)

　　우리들이 보통 금전이라 부르고 있는 것 중에는 금화(金貨)를 비롯하여, 은화(銀貨), 백동화(白銅貨), 청동화(靑銅貨)가 있다. 이것들을 모두 화폐라고 한다. 또한 이 외에 화폐 대신 사용되는 지폐가 있다. 우리들은 이러한 화폐나 지폐를 사용하여 물건을 매매하고, 그 외에 여러 가지 용무를 보고 있다. 우리들은 대부분 화폐나 지폐 없이 하루도 생활할 수는 없다고 해도 될 정도이다.

　　이처럼 편리한 것도, 그 사용에 완전히 익숙해져 버린 우리들은 이에 대해 새삼스럽게 편리함을 느끼지도 않고, 또한 이것을 고안한 옛날 사람들에 대해서 별로 감사하는 생각을 하는 일도 없다. 그러나 오늘날의 화폐나 지폐를 생각해 내기까지는, 인간은 실로 다양한 종류의 것을 사용해 본 것이다.

| 布(nuno)
割(katsu)
缺(ket) | 돌, 조개, 가축, 짐승의 가죽, 옷감, 농산물 등이 시대와 장소에 따라 각각 화폐의 역할을 한 적도 있었다. 그러나 이러한 것들은 받는 사람에게 불필요하거나, 생각한 대로 분할할 수 없거나, 그 외에 여러 가지 결점이 있었다. 그래서 금속의 사용을 착안하고, 형태에 있어서 여러 가지 고안을 하여, 마침내 지금과 같은 화폐를 만든 것이다. 이렇게 하여 만들어진 화폐는 사용하기에 대단히 편리하기는 하지만, 또한 경우에 따라서는 운반하기가 불편하므로, 새롭게 화폐 대용(代用)이 될 지폐라는 것을 고안해 냈다. 이제는 세계 각국에서 화폐와 지폐를 사용하지 않는 나라는 없다. |

제19과 나는 바다의 아들

浴(yoku)	(1) 나는야 바다의 아들 하얀 파도가 출렁대는 바닷가의 소나무 벌판에 연기가 피어나는 오막살이야말로 그리운 나의 집이로구나. (2) 태어나서 바닷물에 목욕을 하고 파도소리 자장가로 생각하면서 천리(千里)를 밀려오는 바다의 정기 받으며 어린이로 자라났도다.

操(ayatsu) 百尋 (hyakuhiro)	(3) 강하게 코를 찌르는 바다 향기에 끝없는 꽃향기가 배어나오네. 바닷가 소나무에 부는 바람소리 대단히 편안하게 나는 듣노라. (4) 열 자 남짓 길이의 노를 저어서 가는 곳을 모르는 바다의 여행 천길 만길 먼 바다 속 익숙해진 놀이정원 넓기도 하네.

堅(kata) 腕(ude) 赤(seki) 氷(hyou) 護(mamo)	(5) 여러 해 이곳에서 단련한 쇠보다 강건한 두 팔이 있네. 불어 오는 바닷바람에 검은 빛 띤 피부는 마치 적동(赤銅)과 같네. (6) 파도에 떠다니는 빙산(氷山)이라도 올 테면 오거라 무서울쏘냐. 바다에서 솟아오른 회오리바람도 불 테면 불어라 놀라지 않으리. (7) 나아가라 큰 배에 올라타고서 나는야 건지리라 바다의 재물 나아가라 군함에 함께 타고서 나는야 지키리라 바다의 나라

제20과 원영(遠泳)

泳(ei) 曲(ma)	오늘은 처음으로 원거리 수영을 하는 날이라 생각하니, 어쩐지 기쁜 듯한 마음도 걱정스러운 듯한 마음도 든다. 하늘에는 한여름의 해가 쨍쨍 내리쬐고 있다. 모래 위를 걸어가니 발바닥이 불타는 것 같다. 손발의 관절을 굽히거나 펴거나 하며, 출발 구령을 기다린다. 이윽고 "출발!"이라는 구령과 함께 30명으로 이뤄진 한 조(組)는, 두 줄이 되어 순서대로 물 속으로 들어간다. 오늘은 특히 파도도 잠잠하다. 이 정도라면 5해리나 10해리는 아무렇지도 않다.

점점 먼바다 쪽으로 나아가니, 바닷물의 색깔은
엄청날 정도로 짙은 감색(紺色)이다. 파도도 점차
높아졌다. 문득 보니 직경 20여 센티미터나 되는
커다란 해파리가 둥둥 떠 있다.

다케시마(竹島) 섬을 지났다고 생각했을 즈음
갑자기 바닷물이 차가워졌다. 어쩐지 기분이 나쁘
다. 그러나 다시 한참 지나니 원래의 수온으로 되
돌아왔다.

손발이 상당히 피곤해졌다. 배도 고팠다. 그러던 중에 앞서서 나아가고 있던 두세 사람이 대열에서 이탈하여 배에 올랐다. 나도 갑자기 기력이 없어져서, 함께 배로 올라갈까 하고 생각했지만, "아냐! 지금이 견디어 내야 할 때야. 그렇게 약해서는 안 돼!"라고 스스로 격려하며 나아갔다. 그러나 쓰키시마(月島) 섬은 좀처럼 나타나지 않았다.

가까스로 쓰키시마 섬 옆을 지나갈 즈음에는 이제 완전히 탈진하여 정신도 몽롱해질 따름이다.

"힘내어 나아가라! 이제 조금 남았어, 조금!"

배 위에서는 계속해서 격려해 준다. 이에 힘을 얻어 다시 열심히 헤엄쳐 간다.

목표로 하는 오시마(大島) 섬은 이제 저만치에 보인다. 바닷가에는 많은 사람들이 깃발을 흔들거나 모자를 흔들며 "만세, 만세!"라고 외치고 있다.

드디어 오시마 섬에 도착했다.

"아! 5해리의 바다를 나도 끝까지 헤엄칠 수 있었어."

이렇게 생각하는 순간에 피로고 무엇이고 다 잊어버리고, 나도 무심결에 "만세!"라고 외쳤다.

제21과 달력 이야기

團扇(uchiwa) 曆(koyomi) 略(ryaku) 曆(reki)	저녁식사를 마치고 툇마루로 나와 바람을 쐰다. 아버지는 하늘을 바라보시며 "날씨가 아주 온화해졌구나. 210일⁶⁾도 이것으로 무사히 지나갔다." 라시며 부채를 부치면서 말씀하셨다. 그러자 남동생이 "아버지! 210일은 입춘으로부터 210일째에 해당하지요?" 라고 하며 날 수를 세어 보려고 했다. 아버지는 달력을 가지고 오셔서 "이것은 약식 달력이야. 이 안에 있는 통산(通算) 날 수로 세어 보렴. 이건 1월 1일부터 계산한 날 수야." 이렇게 말하시고 남동생 손에 건네주셨다.

---

6) 입춘으로부터 210일째의 날로, 대개 태풍이 부는 경우가 많다.

동생은 그것을 보고 잠시 생각하고 있더니, 바로 210일의 통산 날 수에서 입춘 전날의 통산 날 수를 빼고는

"과연 그렇구나! 210일째야."

남동생은 계속 여기저기 달력을 넘기고 있던 중에, 문득 '88야(八十八夜)'라는 글자에 시선을 멈추고

"여기에 88야라고 쓰여 있는데요, 이건 무엇입니까?"

"그것도 입춘으로부터 계산하여 88일째로, 벼를 비롯하여 대부분의 작물 씨앗을 뿌리는 기준이 되는 날이야."

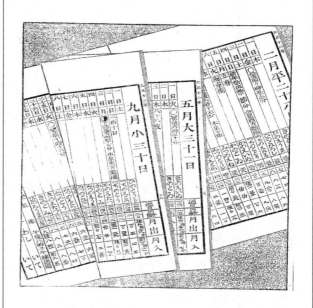

紀(ki)
祭(sai)

　나는 이제까지 달력이라 하면, 올해는 서기 몇 년인지, 몇 월 며칠은 무슨 요일인지, 경축일, 토용(土用)[7], 피안(彼岸)[8], 장마 시작, 일식, 월식은 언제가 되는지 등의 것을 보는 것으로만 생각하고 있었는데, 이 이야기를 듣고 신기하게 느꼈다.

---

7) 입춘, 입하, 입추, 입동 전의 18일 동안을 토용이라 하는데, 일반적으로 가장 더운 시기인 입추 전의 토용을 말하며, 이 기간 중의 소(丑)의 날에 장어구이를 여름 보양식으로 먹는 풍습이 있다.

齡(rei)	아버지는 계속 말씀을 이으시어 "달력을 보면 아직 여러 가지 중요한 것을 알 수 있지. 요즈음의 일출이나 일몰은 몇 시인지, 보름 달은 며칠경인지 등의 것을 알려면 '일출' '일몰' '월령(月齡)' 부분을 본단다. 아버지가 매년 개펄로 조개잡이 가기에 좋은 날을 고르는 것도 '월령'을 보고 아는 거야." 아버지는 더 나아가 "더욱 마지막 부분을 펴 보렴. '각지의 기후'라는 데가 있지? 거기를 보면 대만이나 사할린 같은 먼 곳의 기후까지도 대략 알 수 있단다. 그리고 강우량, 강설량은 어디가 많은지, 또한 일 년 중 언제쯤이 가장 많은지 등에 관한 것도 적혀 있지. 더욱 자세한 사항은 본력(本曆)을 보는 게 좋지. 이와 같이 달력은 우리들에게 매일매일의 일을 가르쳐 주는 소중한 것이란다."

---

8) 춘분과 추분 및 앞뒤 3일간을 포함한 각각의 7일 동안을 피안이라 하며, 조상을 추모하고 성묘하는 풍습이 있다.

| 陰(in) | 나는 나이 든 사람들이 자주 신(新)으로 며칠이라든가, 구(舊)로 며칠이라든가 하는 것이 생각나서, 그에 대해 아버지께 물었다.
아버지는
"신은 양력, 구는 음력을 말한단다. 달력에는 태양력과 태음력이 있어서, 일본에서는 메이지 5년(1872년)까지 태음력을 쓰고 있었는데, 그 다음 해부터 태양력을 사용하였지. 그 뒤부터 태음력을 구력(舊曆), 태양력을 신력(新曆)이라고 하게 되었단다."
"왜 태양력을 사용하게 되었는가요?"<br>"태양력 쪽이 계절과 잘 맞아서 편리하기 때문이란다. 태양력은 춘분에서 춘분까지를 일회귀년(一回歸年)이라 하여, 그것을 바탕으로 해서 만든 것이야. 그 기간은 약 365일 하고도 4분의 1일이지만, 편의상 365일을 1년으로 하고, 보통 4년마다 하루의 윤일(閏日)을 두게 되어 있지. |

그런데 태음력은 달이 차거나 기울거나 하는 변화를 바탕으로 하여 만든 것으로, 통례상 12개월을 1년으로 하지만, 이 1년은 일회귀년보다 약 11일이 적으므로 태양력과 어긋나게 되어, 3년이 안 되는 사이에 1개월의 윤달을 두어야만 하지. 따라서 210일도 태양력으로라면 대개 9월 1일로, 어긋나더라도 하루 정도이지만, 태음력의 경우라면 30일이나 엇갈리는 때가 있단다. 벚꽃이 피는 계절도, 서리가 내리는 계절도 역시 그러하지. 이런 불편한 달력이라도 오랜 동안의 습관이라서, 지금도 사용하고 있는 사람이 있는 것 같구나."

寶(takara)	마지막으로 아버지는 "달력은 정말로 귀중한 것이야. 이런 귀중한 것이 있는데, 그것을 이용하지 않고 있는 것은 '구슬이 서 말이라도 꿰어야 보배'란 말과 같지." 라고 덧붙여 말씀하셨다.

제22과 링컨의 고학(苦學)

統(tou)
雜(zat)

　아메리카합중국의 제16대 대통령 링컨은 지금 으로부터 100여 년 전에 켄터키 주 두메산골의 가 난한 집에서 태어났다.

　링컨이 일곱 살이었을 때 가족들은 인디애나 주 로 이사했는데, 당장 집이 없으면 안 되므로 아버 지는 직접 나무를 베어서 조그마한 집을 지었다.

　그 집은 삼면이 통나무 벽이고 한 쪽은 툭 터진 채여서, 문이나 창이나 마루도 없는 것이었다. 집 이 완성되고 난 다음에 토지 개간에 나섰다. 링컨 은 이미 그때부터 아버지를 돕지 않으면 안 되었 다. 아버지가 나무를 베면 링컨은 잡초를 뽑고, 아 버지가 밭을 갈면 링컨은 씨를 뿌리는 식으로 부 지런히 일했다.

　가족들의 형편은 참으로 불쌍하여, 먹을 것 등 도 마음대로 구하지 못하고 때로는 생감자밖에 먹 지 못하는 경우도 있었다.

이러한 상황이었으므로, 링컨은 열 살 무렵까지는 책을 읽는 일 따위는 거의 불가능하였다. 다만 지나가는 나그네로부터 신기한 이야기를 듣고는 겨우 마음을 달래고 있었다.

이렇게 지내고 있는 동안에 지식을 얻고자 하는 그의 욕망은 더욱더 강해져서, 아버지에게 부디 학교에 보내 달라고 부탁했지만, 아버지는 학교에 가서 시간을 낭비하는 것보다도 밭에 나가 일하는 편이 좋다고 하며, 좀처럼 허락해 주지 않았다. 그런데 어머니의 주선으로 마침내 학교에 들어갈 수 있게 되어, 링컨의 기쁨은 보통이 아니었다.

鉛(en)	학교는 40여리나 떨어져 있었지만, 길이 먼 것은 조금도 개의치 않고 매일매일 힘차게 다녔다. 연필이나 종이도 마음대로는 살 수 없었으므로, 집에서 산술 연습을 하기 위해서는 나무삽과 숯을 사용했다. 삽이 숯자로 새까맣게 되면, 그것을 지우고는 다시 쓴다. 

留(to) 優(yuu)	중요한 것은 주워 모은 나뭇조각 등에 적어 두어 잊지 않도록 해 놓는다. 이러한 마음가짐이었으므로 성적은 언제나 우등이었다. 　그러나 모처럼 시작한 학교공부도 가사 때문에 불과 1년이 못되어 그만둬야 하게 되었다. 그 후로는 다시 아버지를 돕거나 남의 집 일을 하거나 하게 되었는데, 책을 읽고자 하는 마음은 조금도 변하지 않았다. 그런데 집에 책이 없을 뿐 아니라 근처에 도서관도 없으므로, 아무래도 남에게 빌려서 읽을 수밖에 없었다. 열성적인 링컨은 책을 가지고 있는 사람의 집에는 멀고 가깝고를 따지지 않고 빌리러 갔다. 그리하여 그 책의 내용이 완전히 이해될 때까지 몇 번이고 읽는다.

史(shi)
鬼(oni)
就(tsu)
激(hage)
覺(sama)

　　이렇게 해서 이솝이야기나 로빈슨크루소, 합중국역사 등을 읽었다.

　　언젠가 근처에 사는 사람에게 워싱톤전(傳)을 빌린 적이 있다. 링컨은 이전부터 이 위인을 대단히 흠모하고 있었으므로, 큰일이라도 한 듯한 기분으로 줄곧 열심히 읽었다. 낮 동안 일하는 사이사이에 읽는 것은 물론이고, 밤에는 마루에 앉아 등잔불이 다 탈 때까지 읽는다. 등잔불이 다 타면, 다음날 아침에 바로 손에 잡히도록 머리맡의 벽 옆에 둔다. 그런데 어느 날 밤중에 거센 비가 내린 적이 있다. 링컨이 문득 눈을 떴을 때는 이미 늦었다. 벽의 틈 사이로 샌 비 때문에 책이 몽땅 젖어 있어서, 어린 마음에도 크게 걱정하여 그날 밤은 결국 잠을 자지 못했다.

　　다음 날 아침에 빌려 준 사람의 집으로 가서 사정을 말하고

　　"변상할 수 없으므로 그 대신에 뭔가 일을 시켜 주십시오."

라고 부탁하였다. 그 사람은 별로 책망도 하지 않고, 바라는 대로 사흘 동안 밭의 풀을 뽑게 하고 나서, 책은 그대로 링컨에게 주었다. 링컨은 그 책을 정성스럽게 말려서, 그 후 몇 번이고 몇 번이고 되풀이하여 읽는 동안에, 이 위인의 품성에 깊이 감화 받았다.

　　링컨은 아버지를 도우며 충실이 일함과 동시에 대단한 열성과 노력으로써 공부를 계속했다. 그가 훗날 대통령이 되어 세계의 위인으로서, 만인에게 추앙받게 된 것은 참으로 이 소년시절의 고심(苦心) 덕택이다.

제23과 남미로부터(아버지의 통신)

1.

편지 잘 받았습니다. 두 사람 모두 공부 잘 하고 있다 하니 안심이 됩니다. 공부도 중요하지만, 건강에도 가능한 한 주의해야 하오.

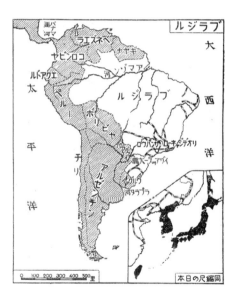

劣(oto)	지금 체재 중인 리오데자네이로 시는 브라질의 수도로서, 대단히 경치가 좋고 항구로서도 유명한 곳이라오. 거리가 훌륭한 점도, 여러 문명국의 대도회지에 비해서 조금도 뒤떨어지는 바가 없다오. 이 브라질은 면적이 우리나라의 열세 배나 되며, 그 대부분은 열대에 속해 있지만, 중앙의 고지대나 해안지방의 대부분은 비교적 시원하고, 특히 온대에 속하는 남부의 여러 주에서는 사계절의 변화도 일본처럼 뚜렷하다 하며, 단지 흥미로운 것은 일본의 가을이 이곳에서는 봄이고, 겨울은 여름이 되는 것처럼 계절이 상반되는 점이라오.

瀑(baku) 写(utsu)	 2. 　이 편지와 함께 그림엽서를 소포로 많이 보내 오. 그 중에 유명한 아마존 강이나 이과수 대폭포 의 장관을 그린 것도 있다오. 아마존 강은 전체 길 이가 5,500킬로미터로, 전 세계의 강 중에서 윙으 로 일컬어지고 있다오.

略(ryaku) 豐(toyo) 舌(zetsu)	강의 폭은 놀랄 정도의 너비로, 하구(河口) 부분에서는 320킬로미터나 된다고 하니, 대략 도쿄(東京)와 도요하시(豐橋) 사이의 거리에 해당한다오. 다음으로 이과수 폭포는 브라질과 이웃 나라 아르헨티나와의 국경에 있는 대폭포로서, 높이 55미터에 폭 3,600미터로, 그 장관은 실로 필설(筆舌)로 표현할 방법이 없다오. 3. 2주 정도 전부터 서쪽지방인 상파울로 시에 와 있다오. 이 부근은 남미 중에서 일본인이 가장 많이 거주하는 곳으로, 어디를 가더라도 일본인이 눈에 띄는 것은 대단히 기분이 좋다오.

在(a)
甘(kan)
誘(saso)

　특히 일본인 소학교가 있어서, 너희들 정도의 아이들이 다니고 있는 것을 보면, 자신이 남미에 있다는 사실을 거의 잊는다오.

　세계적으로 유명한 브라질 커피의 주요 산지도 이 부근이며, 사탕수수, 면화, 쌀 등도 많이 생산된다 하오. 어제 아는 분이 권해서 커피 농장 구경에 나섰다오. 많은 사람들이 익은 커피 열매를 손으로 훑어 따 모아 도랑에 던져 넣으면, 섞여 있는 돌이나 모래 등은 가라앉고 열매만 떠서 흘러가는 것을, 하류에서 건져 올려 넓은 건조장에서 말린다오.

| 視(shi) | 이것을 기계에 넣어 껍질을 제거하여, 자루에 넣어서 외국으로 수출한다 하오.

커피 농장에는 많은 일본인들이 일하고 있다오. 그 중에서도 열서너 살 정도의 어린이가 여러 나라 사람들 틈에 섞여서 야무지게 일하는 모습을 보면, 정말 기특하게 생각된 다오.

4.
삼림지(森林地)의 개간 현황을 시찰하기 위해 한동안 소식 전하지 못하고 지냈다오.
브라질은 어디를 가든 끝없는 벌판과 삼림이라오. 벌판은 대개 목장으로, 소와 말은 방목되어 있다오. |

牛(gyuu)
茂(mo)

   삼림에는 큰 나무가 틈도 없이 우거지고, 그 뿌리 부분에는 덩굴풀, 관목(灌木) 등이 멋대로 무성해 있다오. 이러한 곳에도 일본인이 활발하게 개간에 종사하고 있어서, 그 모습은 정말로 남자답고 용맹스러운 것이라오.

抱(kakae)	먼저 손잡이 길이가 180센티미터 정도나 되는 손도끼로 관목을 잘라내고, 다음에 도끼를 휘둘러 큰 나무를 베는데, 서너 아름이나 되는 것이 땅이 울리는 소리를 내며 넘어지는 모습은, 장쾌함을 말로 다 표현할 수 없다오. 베어 쓰러뜨린 나무는 건조될 때까지 그대로 놓아두고, 사방에서 불을 지르니 하늘이라도 태울 만큼 불꽃을 올리면서 타는 광경은 참으로 굉장한 것이라오. 불에 탄 자리는 깨끗이 정리해서 밭을 만들고, 커피, 면 등의 나무를 심는다오. 브라질 시찰도 대략 끝나므로, 얼마 후 귀국해야 한다오.

제24과 제갈공명(諸葛孔明)

雲(un)
窓(mado)

흰 구름 유유히 사라졌다 다시 오고
서창(西窓)에 한 조각 새벽달 희미하네.
세상을 외면한 한적한 거처
나가면 날마다 밭을 갈고서
들어오면 책상에 책 펴고 읽네.

顧(ko) 起(ta) 漢(kan) 帝(mikado)	눈 내려 흐트러진 겨울날 아침 아직은 바람 쌀쌀한 봄날 저녁에 유비(劉備)의 삼고초려 각별한 예우 자신의 몸을 버려 보답하고자 일어서 나가네 초가 암자를 천하를 결정짓는 삼분(三分)의 계략 손바닥 위에 가리키는 듯하네. 초석을 다진 촉한(蜀漢)의 나라 한중왕(漢中王)은 엄숙히 왕좌에 오르시네.

| 露(tsuyu) | 두 대(代)의 왕에게 다 바친 참된 마음
강적을 무찔러 세상을 평정코자
삼군(三軍)을 진군시킨 오장원두(五丈原頭)
속절없이 이슬로 사라졌지만
그 이름은 불후의 제갈공명

 |

제25과 자치(自治)의 정신

基(moto) 協(kyou) 致(chi) 般(pan)	우리나라의 지방자치단체에는 부(府), 현(縣), 시(市), 정(町), 촌(村)의 구분이 있다. 그 면적에 넓고 좁음, 그 조직에 바쁘고 한가함의 차이가 있을지언정, 지방자치 정신에 의거하여 그 단체의 행복을 증진시키고, 국운(國運)의 발전을 꾀하는 점은 모두 같다. 　대체 자치의 정신이란 무엇인가. 지방 인민이 하나가 되어 협동하여, 스스로 지방 공공의 일을 맡아 하며, 그 단체를 위하여 성의껏 힘을 다하는 정신이 바로 그것이다. 이 정신은 실로 자치제도의 근본이며 또한 그 생명이다. 일반 인민이 부, 현, 시, 정, 촌 의회의 의원 선거를 하는 데에도, 부, 현, 시 의회에서 참사회원(參事會員) 선거를 하는 데에도, 시, 정, 촌 의회에서 시, 정, 촌의 장(長) 선거를 하는 데에도, 모두 이 정신을 바탕으로 하지 않으면 안 된다.

私(shi)
勸誘(kanyuu)
吏(ri)

　또한 시, 정, 촌의 장이 그 사무를 처리하는 데에도, 의원이 예산을 논의하는 데에도, 언제나 이 공평한 정신을 가지고 하지 않으면 안 된다.

　시, 정, 촌의 장이나 의원 선거를 하기 위해서는 오로지 그 인물에 무게를 두되, 결코 친족이나 연고, 그 외 개인적인 교제상의 관계 때문에 마음을 미혹시키는 일이 있어서는 안 된다. 하물며 위력(威力)에 의해 강요한다든지, 사리(私利)에 의해 권유한다든지 하는 수단을 사용하거나, 또한 이 수단에 흔들리거나 하는 것은 자치의 정신에 완전히 반(反)하는 것이다. 정말로 자치 정신이 투철한 사람은 공평무사(公平無私)하게 지방 공직을 위한 적임자를 뽑는 일만을 생각하며, 결코 사심(私心)을 갖지 않는 것이다.

　관리, 의원 등 직간접적으로 공공사무를 담당하는 사람은 아무리 그 직무에 충실하더라도,

旨(shi) 辯(wakima) 尊(son) 慈善(zizen)	일반 인민의 후원이 없으면 자치단체의 원만한 발달을 바랄 수는 없다. 그러므로 사람들은 언제나 자치제도 본래의 취지를 이해하고, 하나가 되어 협동하여 단체의 복리(福利)를 증진하는 일에 유념하지 않으면 안 된다. 예를 들면, 교육, 위생 등의 자치단체 사업은 지방 인민이 널리 이를 존중하여, 이에 협력함에 따라 비로서 그 효과를 완전히 올릴 수 있다. 또한 산업조합을 만들거나 자선사업을 시작하거나, 또는 청년단을 조직하여 산업발달, 풍속개선 등에 힘쓰거나 하는 것은 모두 공공정신의 발동이자 자치정신을 양성하고 자치단체를 조장(助長)하는 일이므로, 지방 인민은 이러한 사업에 크게 진력하지 않으면 안 된다. 　제도를 운용하는 것은 사람이다. 자치제도도 이를 운용하는 인민에게 자치의 정신이 부족하다면, 좋은 결과를 얻는 것은 도저히 기대할 수 없다.

제26과 웰링턴과 소년

옛날에 영국의 어느 커다란 농장에서 많은 사람들이 경작하는 것을 주인이 감독하고 있었다.

문득 건너편을 보니, 말을 타고 사냥하러 나온 듯한 멋진 사람들이 이쪽으로 곧장 달려온다. 농장 주인은 애써서 잘 자라고 있는 보리가 여러 마리의 말이나 개에게 짓밟혀 뭉개지면 큰일이라 생각하여, 옆에 있던 자기 아들에게

"조지, 빨리 가서 농장 문을 닫아라. 다른 사람이 뭐라고 해도 결코 열지 말거라!"

라고 당부했다.

조지가 달려가서 출입문에 빗장을 걸자마자, 말을 탄 사람들은 벌써 문 밖까지 당도했다. 그리고 조지에게 빨리 열어 통과시키라고 말했다.

依(i) 紳(shin)	그러자 조지는 　"여러분! 이곳은 지나갈 수 없습니다. 나는 아버지에게 누가 와도 이 문을 열어서는 안 된다고 명을 받았습니다." 라고 하며 아무리 해도 열지 않는다. 말을 탄 사람들은 열지 않으면 때리겠다고 위협하기도 하고, 열어 주면 답례로 금화를 주겠다고 하며 달래기도 하였다. 　그러나 조지는 여전히 　"아버지는 누가 와도 이 문을 열어서는 안 된다고 내게 당부하였습니다." 라고 되풀이 할뿐이었다. 　마지막으로 눈빛이 부드러운 노신사가 말했다. 　"나는 웰링턴 공작이란다. 착한 아이니까 내 부탁을 들어 주렴."

勳(kun)
恭(uyauya)
背(somu)
答(tou)

　조지는 이전부터 웰링턴 공작이 공훈도 많고, 훌륭한 인물이라는 사실을 듣고 있었으므로, 모자를 벗어 공손하게 인사하고 조용히 입을 열었다.

　"웰링턴 공작님이라고 불리는 훌륭한 분이, 아버지의 분부에 거역하라고 말씀하시리라고는 아무리 해도 생각할 수 없습니다. 나는 누가 와도 이 문을 열어서는 안 된다고 아버지에게 당부 받았습니다."

　공작은 이 대답이 매우 마음에 들었다. 그리하여 자신도 모자를 벗어 답례 인사를 하고, 일행을 데리고 떠나갔다.

　조지는 뒷모습을 바라보며 모자를 흔들면서 외쳤다.

　"웰링턴 공작님, 만세!"

제27과 유리 공장

砂(sya)
灰(bai)

　어제 하시모토(橋本) 군과 함께 마을 어귀의 유리 공장을 구경하러 갔다.

　처음에 들어간 것은 원료를 배합하는 곳으로, 마스크를 쓴 직공이 규사(珪砂)에 소다회와 석회석의 가루를 넣어 뒤섞고 있었다. 삽으로 쓱쓱 휘저어 섞으니, 하얀 가루가 온통 연기처럼 일어나서 눈도 입도 열 수가 없다. 이런 곳에서 매일 일하고 있는 사람들은 얼마나 힘들겠는가 하고 생각했다.

　　다음 건물로 들어가니, 이곳에는 용해 가마가
있다. 녹은 유리가 안에서 반짝반짝 빛나고 있다
가마 주위에는 8, 9명의 직공이 땀을 흘리며 일하
고 있다. 가늘고 긴 관의 한쪽 끝을 녹은 유리 속
에 넣었다 빼내니, 끝에 빨간 구슬이 달라붙어 있
다. 한쪽 끝에 입을 대고 숨을 불어넣으니 확 부풀
어진다.

흔들어서 움직이고 나서는 또 숨을 분다. 더욱 더 커진다. 마치 엿으로 여러 가지 형태를 만드는 것 같다. 보고 있는 사이에 커다란 플라스크가 완성됐다. 다른 쪽을 보니, 그곳에서는 숨을 잠깐 불어서 틀에 넣고, 다시 불어 틀에서 꺼낸다. 무엇이 만들어졌을까 생각하고 있자니, 여러 동작으로 다루고 있는 동안에 받침이 딸린 컵이 되었다. 참으로 능숙하다.

하시모토 군이 재촉하여 다음 작업실로 들어갔다. 이곳은 가공실이다. 컨베이어 벨트가 회전함에 따라서 돌이나 나무, 쇠로 된 원반이 차바퀴처럼 돌고 있다. 앞치마를 걸친 직공이 유리 접시나 컵 등을 이 원반에 놓고, 모양을 새기거나 닦아서 윤을 내거나 하고 있다.

옆 작업실에서는 대여섯 명의 직공이 늘어서서 유리그릇에 여러 가지 무늬를 넣고 있다.

돌아오는 길에 사무소의 진열장을 구경시켜 주었다. 접시나 컵을 비롯하여 사발, 병, 꽃병, 물그릇 등이 예쁘게 진열되어 있었다. 특히 아름다웠던 것은 전등의 갓으로, 빨강, 노랑, 보라, 녹색의 가지가지로, 눈도 번쩍 뜨일 정도였다.

제28과 데쓰겐(鐵眼)의 일체경(一切經)

經(kyou)
籍(seki)
卷(kan)
版(pan)
渡(to)

일체경은 불교에 관한 서적을 모은 일대 총서(叢書)로서, 이 가르침에 뜻이 있는 사람들이 둘도 없는 보물로 소중히 여기는 것이다. 게다가 그 권수는 몇 천의 많은 양에 달하여, 이 책의 출판은 결코 용이한 작업이 아니다. 그렇기 때문에 옛날에는 중국으로부터 전래된 것이 세상에 약간 있을 뿐이어서, 학자들이 그것을 구하기 어려워 고생하였다.

寺(zi) 忍(shino) 成就(jyoujyu)	지금으로부터 이백 수십 년 전에 야마시로(山城) 지방 우지(宇治)의 오바쿠산(黃壁山) 만푸쿠지(萬福寺) 절에 데쓰겐이라는 승려가 있었다. 한평생의 사업으로 일체경을 출판하고자 마음먹고, 어떠한 곤란을 참고서라도 맹세코 이 계획을 성취하기 위해, 널리 각지를 돌며 자금 모으기를 여러 해, 가까스로 이를 마련할 수 있었다. 데쓰겐은 크게 기뻐하여 막 출판에 착수하려 한다. 때마침 오사카(大阪)에 홍수가 일어난다. 사상자가 대단히 많으며, 집이 떠내려가 재산을 잃고 길가에서 헤매는 자는 셀 수가 없다.

喜捨(kisya) 救(kyuu) 悉(kotogoto)	데쓰겐은 이 모습을 목격하고 슬픔을 견디지 못한다. "내가 일체경의 출판을 마음먹은 것은 불교를 융성시키기 위함이요, 불교를 융성시키고자 함은 결국 인간을 구제하기 위함이다. 희사 받은 이 돈을 일체경 사업에 쓰는 것도, 굶주리는 사람들의 구조에 사용하는 것도, 귀착하는 곳은 하나이지 둘이 아니다. 일체경을 세상에 널리 퍼뜨리는 일은 말할 나위도 없이 필요한 것이지만, 사람을 죽음에서 구하는 일은 더욱 필요한 것이지 않는가"라고 곰곰이 생각한다. 바로 희사한 사람들에게 그 뜻을 알리고 동의를 얻어, 자금을 남김없이 구조 비용에 충당하였다.

志(shi) 幕(baku) 止(shi)	고심에 고심을 거듭하여 모은 출판비용은 마침내 한 푼도 남지 않게 되었다. 그렇지만 데쓰겐은 조금도 굴하지 않고 다시 모금에 착수하여 노력하기를 또 다시 여러 해, 효과가 헛되지 아니하여 일찍부터 품은 뜻을 완수할 일도 가까워지려 한다. 데쓰겐의 기쁨을 알만 하다. 　그런데 이번에는 긴키(近畿) 지방에 대기근이 발생하여, 사람들의 고통은 예전의 홍수에 비할 바가 아니다. 막부(幕府)는 곳곳에 구제소를 설치하여 구조에 힘쓰지만, 사람들의 고통은 나날이 늘어 갈뿐이다. 데쓰겐은 이에 이르러 다시 마음을 정하여, 희사한 사람들을 설득해서 출판사업을 중지하고, 그 자금으로 힘이 미치는 데까지 널리 사람들을 구조하여, 또 다시 한 푼도 남기지 않게 되었다.

奮(huru)
刷(satsu)

　두 번 자금을 모아서 두 번 없앤 데쓰겐은 마지막으로 힘을 내어서 세 번째 모금에 착수하였다. 데쓰겐의 심대한 자비심과 끝까지 처음의 일념을 바꾸지 않는 열성은 사람들을 크게 감동시켰는지, 기꺼이 기부하는 자가 의외로 많아서, 이번은 제판과 인쇄 작업이 착착 진척되었다.

倉庫(souko)	이리하여 데쓰겐이 이 대사업을 마음먹은 지 17년, 즉 덴나(天和)[9] 원년(1681년)에 이르러 일체경 6,956권의 대출판은 마침내 완성되었다. 이것이 세상에서 데쓰겐판(版)이라 불리는 것이며, 우리나라에서 일체경 수행이 널리 이뤄진 것은 실로 이때부터의 일이라 한다. 이 판목(版木)은 지금도 만푸쿠지 절에 보존되어 있으며, 세 채의 150평이 되는 창고에 가득 차 있다. 후쿠다 교카이(福田行誡)[10]는 일찍이 데쓰겐의 사업에 감탄하여, "데쓰겐은 일생에 일체경을 세 번 간행하였다"라고 말했다. 심상소학(尋常小學) 국어독본 권11 끝

---

9) 1681~1683년에 사용된 연호이며 '덴와'로도 읽는다.
10) 1809~1888. 에도(江戶)시대 말기~메이지(明治)시대 초기의 학승이자 불교학자. 1804년 또는 1806년 등에 태어났다는 설도 있음

다이쇼 11년(1922) 12월 22일 인쇄
다이쇼 11년(1922) 12월 25일 발행
다이쇼 14년(1925) 9월 7일 수정인쇄
다이쇼 14년(1925) 9월 10일 수정발행　　　　　　　　(비매품)

저작권 소유 **문 부 성**

인쇄소 **박문관인쇄소**
東京市 小石川區 久堅町 百八番地

大正十一年十二月廿二日印刷

大正十一年十二月廿五日發行

大正十四年九月七日修正印刷

大正十四年九月十日修正發行

（非賣品）

著作權所有

著作兼
發行者 文部省
東京市小石川區久堅町百八番地

印刷者 大橋光吉
東京市小石川區久堅町百八番地

印刷所 博文館印刷所

조선총독부 편찬 (1923~1924)

『普通學校國語讀本』

第二期 한글번역 卷12

6학년 2학기

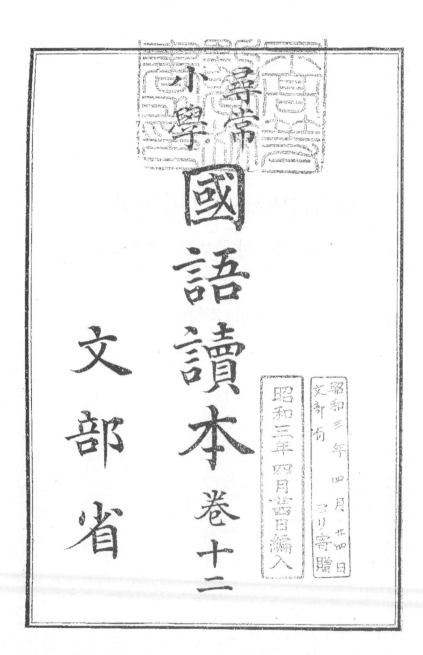

尋常小學

國語讀本 卷十二

文部省

조선총독부 편찬(1923~1924)
『普通學校 國語讀本』 第二期 한글번역 巻十二

목록

제1과 메이지(明治) 천황 어제(御製)

昇(nobo)	옛 문헌 볼 때마다 생각나도다. 내가 다스리는 나라는 어떠할까 하고. 담록색 맑게 갠 넓은 하늘의 광활함 내 마음과 함께 하고 싶도다. 창공에 솟아 보이는 높은 봉우리에도 올라가니 다다르는 길은 있었네. 분수에 맞춰 온 마음 다하는 국민들의 힘이야말로 이윽고 나의 힘이 된다네. 솟아오르는 아침 해처럼 상쾌하게 가졌으면 하는 것은 마음이도다.

邊(be)	좋은 것을 취하고 그른 것 버려 외국에 지지 않는 나라 만들면 좋으련만 거친 말 길들일 겸 들녘 멀리서 벚꽃놀이 하는 대장부 친우 어느 쪽 향해서일까 햇볕 쨍쨍 내리쬐는 불볕 길을 개미들은 어찌하여 가는 걸까. 저 멀리 바람 가는 곳 보이도다. 억새밭에 떠오른 가을밤의 달이여. 넓은 바다는 푸르고 맑게 개고 해송 가지 끝 상쾌하게 흔들리는 새하얀 눈

제2과 이즈모타이샤(出雲大社)

　　마쓰에(松江)를 출발한 기차는 그림 같은 풍광의 신지코(宍道湖) 호반을 약 40분 달리더니, 이윽고 신카와(新川) 강을 건너서 더욱 나아가 히이카와(斐伊川) 강 철교를 지난다. 옆 사람이 말하기를 "이 강은 옛날의 히노카와(簸川) 강으로, 그 큰 뱀을 퇴치한 전설의 무대는 이 강의 상류야!"라고 한다.

　　이마이치(今市)를 지나 다이샤(大社) 역에 도착했다. 정류장 밖으로 나가니, 청명한 가을 하늘은 끝없이 맑고, 봄처럼 따사롭다. 여행에는 좋은 날이라 생각하면서 참배객의 무리에 섞여 나아가니, 큰 도리이(鳥居)가 있는데, 거인처럼 우리 앞쪽에 서 있다. 20여 미터의 오토리이(大鳥居)란 이것인 모양이다.

隣(rin)	　이윽고 한참 이어지는 소나무 가로수 사이를 지나 경내로 들어가, 먼저 배전(拜殿) 앞에서 정중하게 절한다. 　옛날에 오쿠니누시노미코토(大国主命)가 역적을 평정하고 백성들을 따르게 하여, 사방에 위세를 견줄 자가 없었다.

孫(son) 快(kokoroyo)	그때에 아마테라스오미카미(天照大神)의 사자(使者)인 다케미카즈치노미코토(建御雷命)가 이 지방에 와서 　"오미카미의 칙명에 말하기를, 이 아시하라노나카쓰쿠니[1]는 황손(皇孫)이 이를 통치해야 한다고 하오. 흔쾌히 이 나라를 바치시는 것이 어떠하온지?" 라고 말한다. 　오쿠니누시노미코토가 대답하여 말하기를 　"저는 본시부터 거역할 마음이 없소. 내 아들 고토시로누시(事代主)와 의논하여 답을 드리오리다." 라고 하였다. 　이때 고토시로누시노미코토(事代主命)는 물고기를 잡으러 미호노사키(美保崎)라는 곳에 있었는데, 연락을 받고 서둘러 돌아와 부친께 말씀드리기를 　"황송하옵니다. 분부대로 바치시옵소서." 라고 하였다.

---

1) 일본 신화에서 지상의 세계인 일본 국토를 의미하며, 신(神)들이 사는 천상의 세계에 대비되는 개념으로 사용된다.

厚(atsu)	이에 오쿠니누시노미코토는 "이 아시하라노나카쓰쿠니를 황손께 바치어, 영원히 황위(皇位)를 지키겠사옵니다." 라고 말하며 공손하게 국토를 헌상하였다. 아마테라스오미카미는 그 진심이 두터움을 칭찬하여, 오쿠니누시노미코토를 위하여 장대한 궁전을 짓게 하신다. 이것이 바로 이즈모타이샤의 기원이다. 　이 신사(神社)는 규모의 거대함으로 세상에 알려져, 본전(本殿)같은 경우 그 높이가 실로 24미터 정도에 이른다. 용마루 부근을 나는 비둘기가 마치 참새처럼 보이는 것도, 신사 건물이 높고 크기 때문일 것이다. 　보물전(寶物殿)에 들어가 관람하는데, 불을 일으키는 나뭇공이와 절구라는 것이 있다.

굵기가 가운데 손가락 정도인 가늘고 긴 막대
와 폭 15센티미터, 길이 90센티미터 정도의 두꺼
운 나무판자이다. 이 막대를 나무판자 위에서 송
곳을 비벼 구멍을 뚫는 것처럼 돌리면, 마찰에 의
해 불을 일으킨다. 이 신사에서는 지금도 태고(太
古)의 법식에 따라 이것으로 불을 피운다고 한다.

| 金色(konziki) 輝(kagaya) | 경내를 나와 해안에 다다른다. 이나사(稻佐) 해변이라는 곳이다. 다케미카즈치노미코토가 오쿠니누시노미코토를 만나서 이야기를 나눈 것은 이곳이라고 한다. 마침 해는 지평선에 가까워져, 구름과 바닷물도 금빛으로 빛나서 아름다움이 이를 바 없다. 해변에 서서 옛날을 그리워하니, 그 신(神)들이 이곳에서 위엄 있게 마주했을 영웅의 모습을 지금 눈앞에 보는 듯하며, 밀려오는 파도 소리조차도 뭔가를 이야기하는 것 같다. |

제3과 찰스 다윈

鑛(kou)
叱(shika)
蟲(chyuu)

찰스 다윈은 지금으로부터 100여 년 전에 영국에서 태어났다. 아주 어렸을 때부터 동식물에 깊은 취미를 가지고 있었으며, 또한 물건 수집하기를 좋아하여, 조개껍질이나 광석 등을 집안에 늘어놓고는 혼자서 즐겼었다.

아홉 살 때 처음으로 학교에 들어갔는데, 그다지 민첩한 천성이 아니었으므로, 선생님에게도 오히려 중간 수준 이하의 학생으로 인식되고 있었다. 또한 아버지로부터는

"너처럼 개를 돌보거나 쥐 잡는 일에만 열심이어서는 곤란하지 않느냐!"

라고 꾸중들은 적이 있었다.

열 살쯤에는 곤충채집을 시작했다. 게다가 여러 종류의 새를 주의하여 관찰하니 각각 다른 흥미로운 습성을 지니고 있어서, 보면 볼수록 흥미가 솟아나, 사람들은 왜 모두들 조류 연구를 하지 않을까 하고 이상하게 생각하기에 이르렀다.

　아버지는 다윈을 의사로 만들려고 생각하여 대
학에 보냈다. 온순한 그는 아버지의 명에 따라 공
부하고 있었지만, 어느 사이엔가 좋아하는 박물학
(博物學) 연구에 몰두하게 되어 버렸다.

　이 무렵의 일이었다. 어느 날 그가 고목의 껍질
을 벗기자, 희귀한 갑충(甲蟲) 두 마리가 있었다.
재빨리 양손으로 한 마리씩 잡으니, 또 한 마리 색
다른 것이 보였다.

逃(noga)
辛(kara)
吐(haki)
探(tan)
揚(you)
針(shin)

　이것도 놓쳐서는 큰일이라 생각하여, 대번에 오른손의 벌레를 입 속으로 집어넣었다. 입에 넣어진 벌레는 괴로운 나머지 엄청나게 매운 액체를 뿜어내어서, 다윈이 엉겁결에 뱉어내자 옳다구나 하고 도망가 버렸다. 이때에는 이미 세 번째 벌레는 어디로 갔는지 알 수 없었다.

　그가 탐험선 비글호를 타고 의기양양하게 영국을 출발한 것은 스물세 살 때이다. 이리하여 세계 각지를 돌며, 환희에 찬 눈빛을 번쩍이면서 박물학이나 지질학의 현지연구에 힘써서, 가지가지의 재료를 수집하여 본국에 돌아온 것은 그로부터 5년 후이다. 이 항해에 의해 그의 박물학자로서의 기초가 충분하게 다져지고, 평생의 방침이 확고하게 정해졌다.

暇(ka) 保(tamo)	다윈은 흥미를 느끼면 끝까지 그것에 열중하는 성격으로, 한번 뭔가를 시작하면 만족스러운 결과를 얻을 때까지는 결코 도중에 그만두지 않았다. 게다가 일상생활은 대단히 규칙적이며, 매일 정한 시간표대로 일과를 진행하여, 비록 10분, 15분의 여가일지라도 무익하게 쓰는 일이 없었다. 　다윈의 후반생(後半生)은 병치레가 잦았지만, 그 규칙적인 생활과 평소의 섭생에 의해 일흔네 살의 장수를 누릴 수 있었다. 그리하여 동식물을 널리 연구해서, 생물은 모두 긴 세월 동안에 점점 변화하여, 하등(下等)한 것으로부터 고등(高等)한 것으로 진화하는 법이라는 사실을 증명하였다. 이것이 유명한 진화론(進化論)으로, 학계(學界)를 근본에서부터 뒤흔든 것이다.

제4과 신문

速(sumiyaka) 殊(syu) 單純(tanjyun) 戲(gi) 現(arawa) 遂(to)	세상에서 일어난 일을 신속하게 알려고 하는 것은 인지상정이다. 그러므로 진기한 사건이 일어났을 때, 이를 기술(記述)하고 인쇄를 맡겨 널리 발매하는 일은 옛날부터 행해졌지만, 인쇄술이 미숙한 시대에는 단지 그때그때 흥미 있는 특수한 사건을 보도하는 데에 지나지 않았다. 그러나 인간의 지혜의 진보와 인쇄술의 발달은 언제까지나 이렇게 단순하고 유희적인 것에 만족하지 못하여, 이윽고 국내외의 사건을 골고루 보도함과 동시에 시사(時事)에 대한 논평이 시작되어, 이에 비로서 우리들의 생활과 절실한 관계를 갖는 것이 되었다. 우리나라에서 이러한 신문이 출현한 것은 메이지(明治) 유신 전후이며, 그 후 수십 년 동안에 놀랄만한 발달을 이루었다.

違(i) 統(su) 司(tsukasa) 販(han)	물론 오늘날 우리나라에서 발행되는 신문 중에도 크고 작은 여러 종류가 있어서 한 마디로 말하기는 어렵지만, 상당히 이름이 있는 신문은 통신이나 인쇄에 온갖 문명의 이기(利器)를 사용함으로써, 이제는 멀리 유럽에서 일어난 사건도 불과 하루 이틀에 독자에게 보도된다. 　그렇다면 이와 같은 신문은 어떻게 편집되고 인쇄되어, 독자에게 배포되는가. 　먼저 신문사의 조직에 대해서 설명하겠다. 이것도 신문사에 따라서 다소의 차이는 있지만, 대부분은 총무국이 있어서 전체를 통괄하며, 편집국과 영업국의 두 국이 있어서, 편집에 관한 일은 전자가 이를 관장하고, 판매와 광고에 관한 일은 후자가 이를 담당한다.

繪(kai)	그리고 편집국은 더욱 편집부, 정치부, 경제부, 사회부, 통신부, 외보부(外報部), 학예부, 사진부, 교정부 등으로 나뉘어져, 각 부에 각각 담당 기자 또는 기술자가 있으며, 어떤 사람은 나가서 취재하고 어떤 사람은 사내에서 편집사무에 종사한다. 이 외에 국내 각지는 물론이고, 세계 각국의 주요 지역에 특파원 또는 통신원이 있어서, 사건이 일어나면 바로 전화 또는 전신으로 통지해 온다. 　그리고 편집부에서는 시시각각 모여지는 원고를 선택하고 정리하여, 그림, 사진 등과 함께 이를 인쇄부로 보낸다.

刷(su) 能(nou)	인쇄부에서는 바로 필요한 활자를 골라 이를 조판하여, 교정지를 인쇄해서 교정부로 넘긴다. 교정이 끝나면 지형(紙型)을 뜨고, 더욱 이것을 바탕으로 하여 연판(鉛版)을 만들어서 인쇄기에 건다. 　이렇게 말하니 대단히 번잡하고 많은 시간을 필요로 하는 것 같지만, 원고 마감 시간부터 인쇄되어 나올 때까지의 사이는 불과 수십 분이므로, 얼마나 신속한가를 알 수 있을 것이다. 특히 놀랄만한 것은 윤전기의 능력이다. 두루마리 종이이므로, 폭 약 110센티미터에 길이 4,800여 미터가 되는 것을 여기에 장착하면, 기계는 전력에 의해 작동되며, 인쇄나 절단도 사람 손을 필요로 하지 않고, 한 대가 1분 동안에 450장을 거뜬히 인쇄한다고 한다.

但(tada)
隔(kaku)

　이렇게 인쇄가 다 된 신문은 바로 판매부를 거쳐서 원근의 지역으로 발송된다. 다만 큰 신문사에서는 비교적 일찍 인쇄한 것을 지방판으로 하여 멀리 떨어진 지방으로 보내고, 새로운 사건이 있을 때마다 개판(改版)하여 마지막의 가장 새로운 것을 시내판으로 한다. 그렇기 때문에 동일한 날짜의 같은 신문에서도, 발행지에서 받는 것과 타지방에서 받는 것 사이에는 늘상 기사에 다소의 차이가 있다.

제5과 밀감산(蜜柑山)

採(tori)

먼 바다 나아가는 것 마루야(丸屋)의 배인가.
동그라미 속에 야(屋) 글자의 돛이 보이네.

멋진 가락의 귤 따는 노랫소리가 청명한 늦가을
공기를 울리며, 어디서랄 것도 없이 느긋하게 들
려온다. 방금 올라온 쪽을 뒤돌아보니, 여러 단으
로 층층이 쌓아올려 만들어진 산간의 밭에는 밀감
나무가 가지런하게 늘어서 있다.

黃金
(ougong)

　어느 것을 봐도 가지란 가지에는 벌써 황금빛으로 물든 열매가 주렁주렁 달려 있다. 거무스레할 정도로 짙은 녹색 잎사귀 사이로 그 열매 하나하나가 햇빛에 반사하여 선명하게 두드러져 보인다.

　다시 조금 올라간다. 어느 산을 보아도, 어느 골짜기를 보아도, 밀감나무 아닌 곳은 없다.

日和(biyori)	문득 보니 바로 옆의 나무 밑에서는 바구니를 목에 걸친 두세 명의 사내가 능숙한 손놀림으로 밀감을 따고 있다. 아까 노래를 부른 사람들일 것이다. 이쪽에서고 저쪽에서고 예리한 가위 소리가 찰칵찰칵 들린다. 산기슭의 강에 하얀 돛단배 두세 척이 지나간다. 저것은 항구의 큰 배로 밀감을 운반해 가는 것이리라. 그곳에서도 뱃노래가 포근한 가을날의 따스함 속에서 꿈처럼 들려온다.

제6과 상업

敏(bin) 堅(ken) 己(ko) 際(sai) 爲(na)	상업은 이에 종사하는 상인만을 이롭게 하기 위한 것이 아니다. 상인인 자는 공동생활의 참된 의의를 잘 이해하여, 품질이 좋은 물건을 가능한 한 싼 값에 신속하게 공급하여, 널리 공중의 이익을 도모하지 않으면 안 된다. 이것이 바로 세상의 신용을 얻어, 견실하게 자신의 사업을 발전시키는 길이다. 　사는 사람의 무지를 악용하여 싼 물건을 비싸게 팔고, 견본에는 훌륭한 물건을 사용하고 실제 주문에 있어서는 조악한 것을 보내는 일은, 사람으로서 하면 안 되는 일이다.

| 永(ei)
影(ei)
振(shin) | 또한 단순히 손익 면에서 보더라도, 이러한 방식은 단지 일시적인 이익을 얻는데 그치고 계속될 수 없으므로, 결국은 작은 이익을 탐하다 큰 손해를 초래하는 결과가 된다.
　외국무역에 있어서는 이에 종사하는 사람의 마음가짐에 따른 영향이 더욱 크다. 즉, 한 사람의 무역상이 외국인의 신용을 잃는 일을 하면, 바로 나라의 모든 상품의 신용과 관계가 되어, 무역 부진을 초래해서 국운의 발전까지 방해하게 된다. 외국무역 업자는 거듭거듭 이 점에 깊이 주의하지 않으면 안 된다. |

個(ko) 忍耐(nintai) 賤(asa) 程(tei) 解(kai) 格(kaku) 誤(ayamari)	옛날에는 개인의 이익을 만들어내는 것이 상업이라고 인식되고 있었다. 그렇기 때문에 대다수의 상인은 자신의 이익 외에는 거의 아무것도 안중에 두지 않으며, 인내든 노력이든 요컨대 모두 자신을 위해서였다. 그들이 조닌(町人)이라 하여 천대받았던 것도 그 때문일 것이다. 이것은 필경 문명의 수준이 낮아서 공동생활의 의의가 명확하지 않으며, 따라서 상업의 본질이 이해되지 않고, 상인의 인격이 중시되지 않았기 때문이다. 문명이 진보된 오늘날에 여전히 이러한 생각을 갖는 것은 커다란 잘못이라 말하지 않으면 안 된다.

제7과 가마쿠라(鎌倉)

劒(tsurugi)	시치리가하마(七里が濱) 해변에 이어지는 이나무라가사키(稻村崎) 곶은 유명 장수가 검(劒)을 내던진 옛날 전쟁터

極(goku)	고쿠라쿠지(極樂寺) 절 고갯길 넘어서 가면 하세(長谷) 관음당(観音堂) 가까이에는 노천에 모신 대불(大佛)이 계신답니다. 유히가하마(由比ヶ濱) 해변을 우측에 보며 눈 덮인 도로를 지나서 가면 하치만구(八幡宮) 신사(神社) 있지요.

| 憤(hun) | 가마쿠라구(鎌倉宮) 신사에 참배를 하니
모리요시(護良) 친왕은 못 다한 원한에
비분의 눈물이 솟았으리라.

돌계단을 올라가니
왼편에 높고 큰 은행나무
대대로 이어진 옛날 자취 물어볼까나.

 |

覺(kaku)	와카미야도(若宮堂)에서 춤추던 소맷자락 천(賤)하도다 천하도다 되풀이하여 보낸 사람 연모하며 노래를 읊네. 역사는 유구하네 칠백 성상(星霜) 흥망(興亡)은 모두 다 꿈과 같아서 영웅의 무덤은 이끼 끼었네. 겐쵸지(建長寺) 엔카쿠지(圓覺寺) 옛 절의 산문(山門)의 큰 소나무에 부는 바람에 그 옛날 이야기 담겨 있는 듯하네.

제8과 유럽 여행

1. 런던으로부터

런던은 뭐라 해도 세계적인 대도시입니다. 템즈 강을 장식하는 타워 다리, 런던 다리를 비롯하여, 국회의사당, 대영박물관, 웨스트민스터 사원, 그 외에 볼거리, 들을거리 등 그저 놀랄 수밖에 없습니다.

混(kon)	어제 대영박물관을 한번 둘러보았습니다. 전시물의 종류가 다양한데다, 그 수량이 무수하게 많은 점은, 과연 세계적인 대박물관이라 불릴 만하다고 생각했습니다. 우리 일본의 갑옷, 투구 그 외의 무기류도 많이 수집되어 있습니다. 　시가지를 구경하고 제가 특히 감탄한 것은, 시민들이 교통도덕을 중시한다는 점입니다. 왕래가 빈번한 도로 위에서도 경찰관의 지휘에 잘 따라서 혼란스러운 일이 없으며, 지하철이나 승합자동차 등을 타고 내릴 때에도, 함부로 앞을 다투거나 하는 일은 없습니다.

藝(gei) 麗(rei) 側(gawa)	2. 파리로부터 　그제 아침 런던을 출발하여 오후 이른 시간에 파리에 도착했습니다. 　이곳은 과연 예술의 도시로 세계에 널리 알려져 있는 만큼, 건물 등도 일반적으로 장엄하고 아름답습니다. 　세계 최고의 아름다운 거리로 일컬어지고 있는 샹제리제 도로에는 5, 6층이나 되는 아름다운 건물이 거리 양쪽에 늘어서 있고, 차도와 인도 사이에는 신록이 우거진 가로수가 아득히 멀리 이어져 있습니다. 유명한 개선문은 이 거리가 시작되는 곳에 있습니다.

彫(chou)	루불박물관도 한번 둘러보았는데, 훌륭한 회화, 조각이 많기로는 아마 세계 제일이라고 생각했습니다. 또한 에펠탑에도 올라가 보았습니다. 이 탑은 세계에서 가장 높은 건물로, 높이가 300미터나 된다고 합니다. 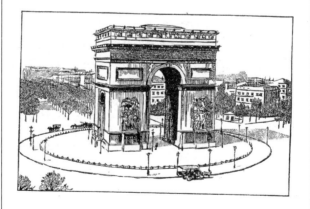

眺(chou) 眺(naga)	탑 안에는 매점도 있으며, 음악당, 식당 등도 마련되어 있습니다. 전망대에서 바라보면, 길거리를 왕래하고 있는 사람들이나 자동차 등은 마치 개미가 기어가는 것처럼 보이고, 그렇게 커다란 파리시도 거의 한눈에 보입니다. 3. 베르됭으로부터 아! 이 무참한 광경을 보세요. 산이고 숲이고 마을이고 모두 잿더미 벌판으로 변해 있습니다. 저는 지금 지는 해를 바라보고 으스스한 가을바람을 맞으면서, 산비둘기 우는 소리가 쓸쓸한 베르됭의 전쟁터에 서 있습니다.

4. 베를린으로부터

跡(seki)

　기차로 독일 국내로 들어간 것은 아직 어둑어둑한 아침녘이었습니다만, 벌써 도로변의 논밭에서는 농부가 곡괭이를 휘두르고 있으며, 또한 모든 공장에서는 검은 연기가 힘차게 올라가고 있었습니다.

儉(ken)	이것은 영국이나 프랑스 등에서는 볼 수 없는 광경으로, 나는 새삼스럽게 독일인의 근면함에 놀랐습니다. 이윽고 베를린으로 들어가 봐도, 근검(勤儉)의 미풍이 시민들 사이에 넘치고 있으며, 그들이 1차대전 후 자기나라의 피폐함을 극복하기 위해 왕성하게 활동하고 있는 것에는 정말로 감탄했습니다. 5. 제네바로부터 세계의 공원으로 일컬어지고 있는 스위스는 가는 곳마다 우리 일본처럼 경치가 좋다. 저는 지금 제네바 시의 몽블랑 다리 난간에 기대어, 제네바 호수의 풍광에 넋을 잃고 있습니다.

| 靑(jyou) | 　푸른 보석 빛 물에 떠 있는 루소 섬, 호반에 늘어선 푸르른 나무와 하얀 벽의 건물, 멀리 감청색 하늘에 높이 솟아 눈을 머리에 이고 있는 알프스 연봉(連峯), 오랫동안 단조롭고 평범한 경치에 식상해 있는 저로서는 대단히 기분 좋게 바라볼 수 있습니다.

 |

제9과 월광곡(月光曲)

友(yuu)
演(en)

　독일의 유명한 음악가 베토벤이 아직 젊었을 때의 일이었다. 달빛 맑은 겨울밤에 친구와 둘이서 마을로 산보 나가서, 어슴푸레한 작은 길을 지나 어느 조그맣고 초라한 집 앞까지 오니, 안에서 피아노 소리가 들린다.

　"아! 저것은 내가 만든 곡이야. 들어 보게나. 상당히 잘하지 않은가."

　그는 갑자기 이렇게 말하고 발길을 멈췄다.

　두 사람은 문밖에 우두커니 서서 한참동안 귀를 기울이고 있었는데, 이윽고 피아노 소리가 뚝 그치고

　"오라버니! 정말 뭐라 할 수 없이 좋은 곡이지요? 저는 이젠 아무리 해도 칠 수 없어요. 정말로 한 번이라도 좋으니 연주회에 가서 들어 보고 싶어."

라며 안타깝다는 듯이 말하고 있는 것은 젊은 여자의 목소리이다.

縫(nu) 免(men)	"그런 말 해 봐야 어찌할 도리가 없어. 집세조차 낼 수 없는 지금의 신세지 않니?" 라고 하는 오라버니의 목소리이다. "들어가 보자. 그리고 한 곡 쳐 줘야지." 베토벤은 불쑥 문을 열고 들어갔다. 친구도 뒤따라 들어갔다. 어두침침한 촛불 아래에서 창백하고 힘없어 보이는 젊은 사내가 구두를 꿰매고 있다. 그 옆에 있는 구식 피아노에 기대어 있는 것은 여동생인 듯하다. 두 사람은 느닷없는 방문객에 아주 놀란 듯한 모습이다. "실례합니다! 저는 음악가인데요, 호기심에 이끌려 저도 모르게 들어왔습니다." 라고 베토벤이 말하였다. 여동생의 얼굴은 금새 빨개졌다. 오라버니는 무뚝뚝하며 조금 당혹스러워 하는 모습이다.

베토벤 스스로도 너무나 느닷없다고 생각했는 지, 말을 머뭇거리며

"실은 말이죠, 방금 문밖에서 잠깐 들었는데요, 연주회에 가 보고 싶다던가 하는 말씀이셨지요? 자! 한 곡 연주하겠습니다."

그 말투가 아주 이상해서, 말한 사람도 들은 사 람도 무심코 생긋 웃었다.

"고맙습니다. 그런데 정말로 변변치 않은 피아 노여서. 게다가 악보도 없습니다만."

이라고 오라버니가 말한다. 베토벤은

"예? 악보가 없다니. 그런데 어떻게."

라며 하던 말을 멈추고 언뜻 보니, 가엾게도 여동 생은 장님이었다.

異(i)	"아니오, 이걸로 충분합니다." 라고 말하면서 베토벤은 피아노 앞에 앉아 바로 연주하기 시작했다. 그 처음의 한 음(音)이 벌써 남매의 귀에는 심상치 않게 울려퍼졌다. 베토벤의 두 눈은 예사롭지 않게 빛나고, 그의 몸은 별안간 뭔가가 씌운 듯 하다. 한 음 한 음은 점점 절묘함을 더하고 신의 경지에 달하여, 무엇을 연주하고 있는지 그 자신도 느끼지 못하는 듯하다. 남매 는 단지 넋을 잃은 채 감동하고 있다. 베토벤의 친구도 완전히 정신을 잃었으며, 모두가 꿈을 꾸 는 기분이다. 때마침 촛불이 확 밝아지는가 싶더니, 한들한들 움직이다 꺼져 버렸다.

베토벤은 피아노를 치던 손을 멈췄다. 친구가 살며시 일어나 창문을 여니, 청아한 달빛이 흐르듯 들어와 피아노와 연주자의 얼굴을 비췄다. 하지만 베토벤은 다만 말없이 고개를 떨구고 있다. 한참 지나 오라버니는 조심조심 다가가 힘이 담긴 나지막한 목소리로

"대체 댁은 어떤 분이십니까?"

"아 뭐, 기다려 주세요."

베토벤은 이렇게 말하고, 조금 전에 여동생이 치고 있었던 곡을 다시 연주하기 시작했다.

"아! 댁은 베토벤 선생님이십니까?"

남매는 무심결에 외쳤다.

연주를 마치자 베토벤은 벌떡 일어났다. 세 사람은 "부디 한 곡 더!"라고 하며 거듭 부탁했다. 그는 다시 피아노 앞에 앉았다.

題(dai) 奇怪(kikai)	달빛은 점점 맑게 빛난다. "그러면 이 달빛을 주제로 한 곡!"이라 말하고, 그는 한참 동안 청명한 하늘을 바라보고 있더니, 이윽고 손가락이 피아노 건반에 닿았는가 싶더니, 부드럽고 안정된 음률은 마치 동쪽 하늘에 떠오르는 달이 점점 어둠의 세계를 비추는 듯하다가 확 변하더니, 이번에는 대단히 무시무시한, 말하자면 기괴한 요정들이 밤에 잔디밭에 모여 춤을 추는 듯하며, 마지막에는 다시 급류가 바위에 거세게 부딪치고, 사나운 파도가 해안가에서 부서지는 듯한 음률에 세 사람의 마음은 이미 놀라움과 감격으로 가득하여, 단지 멍하니 연주가 끝난 것도 모를 정도였다.

揃(soro) 聲(sei)	"잘 있어요!" 베토벤은 일어나 나갔다. "선생님, 또 와 주실까요?" 남매는 똑같이 말했다. "오겠습니다." 베토벤은 잠깐 뒤돌아서서 장님 여동생을 바라보았다. 그는 서둘러 집으로 돌아왔다. 그리고 그날 밤은 한숨도 자지 않고, 책상을 마주하고 그 곡을 악보로 완성시켰다. 베토벤의 "월광곡"이라 하여, 불후의 명성을 떨친 것은 이 곡이다.

제10과 우리나라의 목재(木材)

殖(syoku)

　우리나라에서 생산되는 목재는 그 종류가 대단히 많다. 이제 그 주요한 것들을 들자면, 삼나무, 노송나무, 전나무, 솔송나무, 나한백, 소나무, 낙엽송, 느티나무, 밤나무, 떡갈나무, 졸참나무, 상수리나무 등이다.

　무릇 이들 목재는 그것들이 지니는 성질에 따라 각종 용도에 쓸모 있게 사용해야 하며, 따라서 어느 것도 중요하지 않은 것은 없지만, 그 중에서도 그 쓰임이 넓은 것은 삼나무 및 노송나무이다. 특히 삼나무는 인공적으로 용이하게 번식시킬 수 있다는 점에 있어서 노송나무보다 나으며, 그 수요가 많은 점도 우리나라 목재 중에서 첫 번째를 차지한다.

柱(chyuu) 澤(taku) 香(kou) 憂(urei) 耐(ta) 築(chiku) 縮(chizi)	가옥, 교량, 선박, 전봇대에서부터 크고 작은 나무통, 여러 형태의 가공품에 이르기까지, 어느 것 하나 삼나무를 사용하지 않은 것은 없다. 그렇지만 재질이 우수하고 미려함은 노송나무를 제일로 쳐야 할 것이다. 광택과 향기를 지니며 점성이 강하여, 벌어지고 휠 염려 따위가 아주 적고, 또한 습기에 잘 견디기 때문에 건축재로서 가장 소중히 여겨진다. 다만 삼나무에 비해 생산량이 적고, 번식이 조금 어려운 점은 아쉬울 따름이다. 　전나무, 솔송나무는 모두 휘거나 늘어나고 줄어드는 경우가 많으므로, 삼나무나 노송나무에 비하면 용도가 대단히 좁다.

柔(yawara) 久(kyuu) 具(sona)	그러나 모두 다 아름다운 광택을 지닐 뿐 아니라, 전나무는 부드러워 공작에 더할 나위가 없으므로 여러 종류의 상자를 만드는 데에 쓰이고, 솔송나무는 견고하고 내구성이 좋아서 가옥의 기둥, 기초로 쓰기에 좋다. 　나한백, 소나무, 낙엽송은 모두 다 단단하며 내구성과 내습성이 있으므로, 건축, 토목, 조선 등 그 용도가 대단히 넓다. 나한백은 저항력을 지니며, 소나무와 낙엽송은 탄력이 뛰어나는 등 각각 그 특성을 지니고 있다. 　느티나무, 밤나무, 떡갈나무는 모두 다 대단히 견고하고 결이 섬세하다.

磨(miga) 裝(sou) 珍(chin) 烈(retsu) 薪(shin)	그 중에서도 느티나무는 결이 아름답고, 문지르면 고운 광택을 내는데다 변형이 적기 때문에 장식재로 소중히 여겨지며, 밤나무는 내구성과 내습성이 특히 뛰어나므로 가옥의 기초, 철도의 침목 등의 용도로 쓰이고, 떡갈나무는 가장 견고하고 탄력이 뛰어나므로 노, 자동차, 운동기구와 같이 강렬한 힘을 받는 것을 제작하기에 적절하다. 　떡갈나무 또한 졸참나무, 상수리나무와 함께 땔감과 숯의 재료로 중요한 것이다. 　삼나무는 요시노(吉野)삼나무와 아키타(秋田)삼나무를 제일로 치고, 노송나무는 기소(木曽)에서 나는 것이 명성이 높으며, 최근에는 타이완 아리산(阿里山)의 노송나무 또한 유명하다.

著(ki)	나한백은 쓰가루(津軽)반도에서 가장 많이 생산된다. 소나무로 말하자면, 산지가 대단히 넓어서 오우(奥羽) 지방에서부터 규슈에 이르기까지 대부분 보이지 않는 곳이 없으며, 그 수량의 풍부함도 우리나라 목재 중에서 수위를 차지한다. 그 중에서도 난부(南部)소나무, 휴가(日向)소나무는 양질의 목재로 세상에서 가장 뛰어나다.

제11과 도와다코(十和田湖) 호수

　도와다코 호수는 일부분이 아키타(秋田) 현 가즈노(鹿角) 군에 속하고, 그 나머지는 아오모리(青森) 현 가미키타(上北) 군에 속해 있다. 이 부근은 대부분 산지(山地)이므로, 호수의 수면은 바다 표면보다 400미터나 높으며, 그 면적은 약 60평방킬로미터이다.

複(huku)	호안선(湖岸線)은 대체로 단조롭지만, 남동쪽 호숫가만은 두 개의 반도(半島)가 나란히 튀어나와 있어서, 조금 복잡하게 되어 있다. 호숫가는 절벽을 이루고 있는 곳이 많으며, 특히 두 반도 사이에 끼어 있는 나카노우미(中湖)라는 곳의 동쪽 호숫가 같은 경우는 절벽의 높이가 200미터 이상이나 된다. 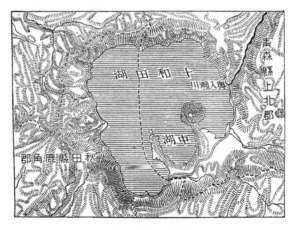

沼(syou) 因(in) 賜 (tamamono)	나카노우미는 깊이가 378미터로, 도와다코 호수에서 가장 깊은 곳이다. 우리나라의 호수와 늪 중에서 이 호수보다 깊은 것은 아키타 현의 다자와코(田沢湖) 호수뿐이다. 　호수의 물은 동쪽 호숫가 부근에서 오이라세가와(奧入瀬川) 강물이 되어 흘러나가는데, 일 년 내내 수위의 변화는 대단히 적다. 즉, 수위가 가장 높은 5월과 가장 낮은 1월의 차이는 고작 38센티미터에 지나지 않는다. 이는 주위가 주로 산이어서, 호수로 흘러들어오는 큰 강이 없는 데에 연유하고 있다. 　30년 전쯤까지는 이 호수에는 어류가 전혀 없었다. 그 이유는 오이라세가와 강을 1킬로미터 남짓 내려간 지점에 커다란 폭포가 있어서, 어류가 거슬러 올라오는 길을 차단하고 있기 때문이다. 오늘날 송어의 산지로 세상에 알려지게 된 것은 양식 경영 덕택이다.

제12과 작은 나사

　어두운 상자 속에 담겨 있던 작은 금속나사가 갑자기 핀셋에 들려서 밝은 곳으로 나오게 되었다. 나사는 놀라서 주위를 둘러보았는데, 여러 가지 소리와 사물의 모양이 혼란스럽게 귀에 들어오고 눈에 비칠 따름으로, 뭐가 뭔지 전혀 알 수 없었다.

　그러나 차츰 진정되어 살펴보니, 이곳은 시계가게라는 것을 알았다. 자신이 놓인 곳은 작업대 위에 놓여 있는 작은 뚜껑유리 안이며, 옆에는 조그마한 굴대나 톱니바퀴, 태엽 등이 늘어서 있다. 송곳이나 드라이버, 핀셋과 작은 망치나 여러 가지 도구도 같은 작업대 위에 놓여져 있다. 주위의 벽이나 유리 진열장에는 여러 가지 시계가 많이 진열되어 있다.

똑딱똑딱 하며 서둘러대는 것은 탁상시계이며, 느릿느릿 여유 있는 것은 괘종시계이다.

나사는 이러한 도구나 시계들을 이리저리 비교하며, 저것은 어디에 쓰일까, 이것은 어느 곳에 장착될까 등을 생각하고 있는 중에, 문득 자신의 처지를 생각하게 되었다.

"나는 얼마나 조그맣고 한심한 존재인가. 저 여러 가지 도구와 많은 시계들은 모양이나 크기도 각각 다르기는 하지만, 어느 것을 보더라도 나보다는 크고 훌륭한 것 같아. 한 가지 역할을 맡아 세상에 도움 되는 데에 어느 것이나 부족함이 없는 듯하구나. 오직 나 자신만이 이렇게 작아서 아무런 도움도 될 것 같지 않아. 아! 얼마나 한심한 신세인가."

| 陰(kage) | 갑자기 허둥대는 소리가 나더니 조그마한 두 아이가 안에서 뛰어나왔다. 사내아이와 여자아이다. 두 사람은 그곳을 둘러보더니, 사내아이는 이윽고 작업대 위의 물건을 이것저것 만지작거리기 시작했다. 여자애는 다만 물끄러미 바라보고 있었는데, 마침내 그 작은 나사를 발견하고
"어머! 귀여운 나사구나."
라고 말했다. 사내아이는 손가락 끝으로 그것을 집으려고 했지만, 너무 작아서 집을 수 없었다. 두세 번 만에 겨우 집었는가 싶더니 바로 떨어뜨려 버렸다. 아이들은 무심결에 얼굴을 마주보았다. 나사는 작업대 다리 뒤로 굴러갔다. |

探(saga)	이때 큰 헛기침 소리가 들리고, 아버지인 시계기술자가 들어왔다. 시계기술자는 "여기서 놀면 안 돼!" 라고 하며 작업대 위를 보더니, 꺼내 놓은 나사가 없는 것을 알아챘습니다. "나사가 없어. 작업대 위를 휘저어 놓은 건 누구야! 그런 나사는 이젠 안 나오므로 그것 하나밖에 없어. 그게 없으면 읍장님의 회중시계를 고칠 수 없지. 찾아라 찾아!" 나사는 이 말을 듣고 뛸 듯이 기뻤다. 그렇다면 자신 같은 조그마한 존재라도 도움 될 일이 있을지 모른다며 정신없이 기뻐했지만, 이런 곳에 굴러 떨어져 버려서 혹시 발견되지 않으면 어쩌지 하고 그게 또 걱정되었다.

아버지와 아이들은 모두 나서서 찾기 시작했다. 나사는 "여기에 있습니다!"라고 외치고 싶어서 견딜 수 없지만 말을 할 수 없다. 세 사람은 온통 뒤졌으나 눈에 띄지 않아서 낙담하였다. 나사도 실망하였다.

그때 이제까지 구름 속에 있던 태양이 얼굴을 내밀어서, 햇빛이 가게에 가득 들어왔다. 그러자 나사가 그 광선을 받아서 반짝 빛났다. 작업대 옆에서 침울해져 바닥을 응시하고 있던 여자애가 그것을 발견하고, 무심결에 "어머!" 하고 외쳤다.

아버지도 기뻐하고 아이들도 기뻐했다. 그렇지만 가장 기뻐한 것은 나사였다.

시계기술자는 바로 핀셋으로 나사를 집어 들어, 소중한 듯이 원래의 뚜껑유리 속에 넣었다. 그리고 회중시계 하나를 꺼내어 만지고 있더니, 이윽고 핀셋으로 나사를 집어서 기계의 구멍에 끼워 넣고 작은 드라이버로 단단히 조였다.

용두를 돌리자 이제까지 죽은 듯한 상태였던 회중시계가 바로 유쾌한 듯이 채각채각 소리를 내기 시작했다. 나사는 자신이 이곳에 자리를 차지했기 때문에 이 시계 전체가 다시 활동할 수 있게 되었다고 생각하니, 대단히 기뻐서 어찌 할 바를 몰랐다. 시계기술자는 수리를 마친 시계를 잠시 귀에 대 보고 나서 유리진열장 안에 걸어 놓았다.

하루 뒤에 읍장님이 왔다.

"시계는 수리되었습니까?"

"고쳐졌습니다. 나사 하나가 망가져 있어서 교체해 두었습니다. 상태가 안 좋았던 것은 그 때문이었습니다."

라고 하며 건네주었다. 나사는

"나도 정말로 도움이 되고 있는 거로구나."

라고 마음으로 만족스러워 하였습니다.

제13과 국기(國旗)

章(syou)
雪(set)
旭(kyoku)
昇(syou)
潔(ket)
示(shime)

　오늘날 하나의 국가를 이루는 나라들로서 국기가 제정되지 않은 곳은 없다. 국기는 실로 국가를 대표하는 표시로, 그 휘장과 색채에는 각각 깊은 의미가 있다. 이제 우리나라를 비롯하여 주된 여러 외국의 국기에 대해 설명하겠다.

　새하얀 바탕에 붉은 태양을 그린 우리나라의 국기는 우리의 나라 이름에 가장 잘 어울리며, 황위(皇威)의 앙양과 국운(國運)의 융성에 마치 욱일승천(旭日昇天)의 기세가 있음을 떠올리게 한다. 더 나아가 생각하자면, 흰 바탕은 우리 국민의 순정결백(純正潔白)한 성질을 나타내며, 태양은 열렬하게 불타는 듯한 애국의 지성(至誠)을 표현하는 것이라고나 해야 할까.

　영국의 국기는 오늘날의 형태를 갖추기까지 여러 번의 변화를 거듭한 것이다.

赤(seki)
藍(ai)
獨(doku)
星(sei)
現(gen)

원래 영국은 잉글랜드, 스코틀랜드, 아일랜드의 세 나라가 합병되어 이뤄진 국가로서, 먼저 잉글랜드와 스코틀랜드가 합쳐지자, 흰 바탕에 적십자 휘장이 있는 전자의 국기와 남색 바탕에 비스듬한 백십자 휘장이 있는 후자의 국기를 합하여 하나의 국기로 하였으며, 더욱 아일랜드가 더해지게 되어, 흰 바탕에 비스듬한 적십자 휘장이 있는 그 국기를 합하여 마침내 오늘날 같은 형태를 이루기에 이르렀다.

아메리카합중국의 국기는 일정하게 변하지 않는 부분과 변화를 허용하는 부분으로 구성된다. 즉 빨간색과 흰색을 합한 열세 줄의 가로선은 독립 당시의 열세 개 주(州)를 나타내는 것으로서 영원히 변할 일이 없지만, 남색 바탕 속의 별무늬는 언제나 주의 수와 일치시키는 것을 규정으로 한다. 지금은 별무늬의 수가 48개이다.

縱(tate) 平(byou)	남색, 흰색, 빨간색의 세 가지 색깔로 세로로 나뉘어 색칠해져 있는 것은 프랑스 국기이다. 이 세 가지 색은 자유, 평등, 박애를 표현하는 것이라고 한다. 프랑스 국기가 세 가지 색을 세로로 나누는 데 비해, 검은색, 빨간색, 황금색의 세 가지 색깔을 가로로 나누어 칠한 것은 독일 국기이다. 국기의 색채가 그 나라의 인종을 나타내는 것으로 중국 국기가 있다. 즉 빨간색, 노란색, 남색, 흰색, 검정색의 다섯 색깔을 가로로 배열한 것으로, 빨간색은 한인(漢人), 노란색은 만주인, 남색은 몽고인, 흰색은 위구르인, 검정색은 티벳인을 대표하는 것이다. 이탈리아의 국기는 녹색, 흰색, 빨간색의 세 가지 색깔을 세로로 나누어 칠하고, 중앙의 흰 바탕 안에 왕가(王家)의 문장(紋章)을 표기하였다.

示(zi) 仰(kou)	이는 이탈리아 중흥의 주인공인 엠마누엘 왕으로, 국토통일 때에 그 가문의 문장 색깔인 흰색과 빨간색에다 통일의 성공을 기원하는 희망의 색으로서 녹색을 더하고, 그 위에 왕가의 문장을 배치한 것이다. 　이와 같이 각국의 국기는 어떤 것은 그 건국의 역사를 암시하고, 어떤 것은 그 국민의 이상과 신앙을 표현한 것이므로, 국민들의 이에 대한 존경은 곧 그 국가에 대한 충성과 사랑의 마음을 나타내는 것이다. 그러므로 우리들은 자국의 국기를 존중함과 동시에, 여러 외국의 국기에 대해서도 항상 경의를 표하지 않으면 안 된다.

제14과 리어 왕(王) 이야기

烈(hage)
性(syou)
短(mizika)
易(yasu)
后(kisaki)
與(ata)
許(moto)

　리어 왕은 이미 80고개를 넘었다. 선천적으로 과격한 성격인데다, 나이가 들어감에 따라 노령의 급한 성질까지 더해져, 하찮은 일에도 자주 화를 내게 되었다. 게다가 근래에는 부쩍 기력이 쇠해져서, 이제 정무(政務)에도 버틸 수가 없게 되었다. 왕에게는 고네릴, 리건, 코델리아라는 세 딸이 있었다. 두 언니는 이미 어느 귀족들에게 출가하였고, 동생은 이전부터 프랑스 왕의 왕비가 되기로 정해져 있었다.

　왕은 다스리고 있는 영국을 셋으로 나누어 딸들에게 주고, 자신은 백 명의 가신들을 데리고 매달 돌아가면서 세 딸들의 곁에 몸을 의탁하며 여생을 안락하게 보내기로 결심했다.

　　그리하여 영지(領地)를 양도하는 날에 왕은 딸들을 가까이 불러서

　　"오늘은 너희들에게 한 가지 물어 보고 싶은 것이 있다. 너희들 중에서 누가 가장 이 애비를 소중하게 생각해 줄지, 난 그게 알고 싶은 거란다. 먼저 언니인 고네릴부터 말해 보렴."

하고 물었다.

　　고네릴의 대답은 정말로 말씨가 능란했다.

　　"저는 이제 무엇보다도, 어떤 보물보다도, 정말로 자신의 목숨보다도 아버님을 소중하게 생각하겠습니다. 옛날부터 있었던 어떤 효자보다도 두터운 진심으로 아버님을 모시겠습니다."

장녀의 말에 만족한 왕은 지도를 가리키면서 영지의 삼분의 일을 부여했다. 다음에 리건은

"저도 언니와 같은 마음이며, 정말로 언니는 제가 생각하고 있는 것을 그대로 말씀하셨습니다. 다만 말씀에 약간 아쉬운 부분이 있을 따름으로, 저는 일신상의 모든 즐거움을 물리치더라도, 오직 아버님을 소중히 모시는 것을 더할 나위 없는 행복으로 생각하고 있습니다."

왕은 리건에게도 삼분의 일을 부여했다.

코델리아는 왕이 가장 총애하고 있는 딸이었다. 왕은 만면에 미소를 띠우며 이제나저제나 하고 그 대답을 기다리고 있다.

코넬리아는 그저 고개를 숙이고

"아버님, 저는 어떻게 말씀드려야 좋을지 모르겠습니다."

왕은 자신의 귀를 의심이라도 하듯 눈을 부릅떴다.

"뭐? 어떻게 말씀드려야 좋을지 모른다고? 그것으로는 대답이 안 되지 않느냐."

"저는 마음에 있는 것을 충분히 말할 수 없는 것이옵니다. 단지 저는 자식으로서의 소임을 다하고 싶다고 생각할 따름이옵니다."

딸의 말을 서운하게 생각한 왕은 약간 조바심이 나서

"어떻게 된 거니, 코넬리아. 어떻게든 표현방법이 있을 법 한데."

苦(niga) 永(naga)	"아버님, 저는 단지 진실을 말씀드리고 있는 것이옵니다." 딸의 대답에 실망한 왕은 평소의 과격한 성질 때문에 몹시 못마땅한 표정을 지으며 "너에게는 이제 아무 것도 주지 않을 거야. 부모 자식의 연을 영원히 끊을 테다." 라고 선언했다. 그리고 남은 영지를 둘로 나누어 두 언니에게 줘 버렸다. 가신 중에는 연신 왕을 진정시키는 자도 있었지만, 왕의 노여움은 점점 쌓여서 이미 어찌할 수도 없었다. 코델리아는 풀이 죽어 아버지 슬하를 떠나지 않으면 안 되었다. 리어 왕은 프랑스 왕을 그 곳으로 불러서 코델리아와 의절하였음을 알렸다.

認(mito)
裂(sa)
準(jyun)
整(totono)

　　그러나 프랑스 왕은 자초지종을 꼼꼼히 물어서 확인하고, 코델리아의 간단한 대답 속에도 충분히 진심이 담겨 있음을 인정하고, 본국으로 데리고 돌아가 약속대로 자신의 왕비로 삼았다.

　　리어 왕은 백 명의 가신을 이끌고 먼저 큰딸인 고네릴에게 몸을 의탁했다. 고네릴은 결코 마음씨 착한 여자는 아니었다. 2주일도 채 지나지 않아 벌써 왕에게 퉁명스러운 대접을 하였다. 게다가 왕에게 백 명의 가신을 오십 명으로 줄이도록 하였다.

　　왕은 가슴이라도 찢어질 듯이 진노하며, 곧장 말을 채찍질하여 둘째딸 리건이 있는 곳으로 달려갔다. 그런데 리건은 아직 아버님을 맞이할 준비가 돼 있지 않다는 것을 핑계 삼아, 매정하게도 왕을 안으로 들여보내지 않았다.

鳴(mei) 狂(kyou) 待(tai) 請(ko)	모든 영지를 둘로 나누어 부여한 두 딸이 지지리도 이 정도 불효자들뿐이라니. 왕은 사나이의 눈물을 실컷 흘렸다. 　분노와 실망과 후회로 몸도 영혼도 지칠 대로 지친 왕은 제정신을 잃고 황야의 끝으로 방랑에 나섰다. 그날 밤은 비바람과 함께 천둥과 번개도 무시무시하였다. 왕은 두세 명의 충신에게 시중을 받아, 어느 오두막에서 하룻밤을 새웠는데, 어느샌가 벌써 이성을 잃고 있었다. 　아버지의 신세를 걱정하면서 프랑스로 간 코델리아는 이윽고 참혹한 소식을 접했다. 그것은 아버지가 언니들 때문에 학대받고 있다는 것이었다. 그래서 코델리아는 남편에게 청하여 함께 가신을 이끌고 영국으로 건너갔다.

侍(zi)	가신들은 황야에서 방황하고 있던 리어 왕을 발견하여 코델리아에게 데리고 왔다. 프랑스 왕의 시의(侍醫)는 우선 연로한 왕에게 약을 먹이고 조용히 자게 하였다. 　코델리아는 잠들어 있는 아버지의 쇠약해질 대로 쇠약해진 모습을 곰곰이 바라보며 　"설혹 내 부모가 아니라 하더라도, 이 백발이나 수염을 보신다면 언니들도 가엾다고 생각하실 것 같은데. 세상에 이 몸으로 그 심한 폭풍우 속을······" 이라 말하면서 쓰러져 흐느껴 울었다. 　이윽고 잠에서 깨어난 왕은 어느 정도 마음도 진정되었는지

"여기는 어디일까? 대체 나는 이제까지 어떻게
되었던 거지?"
라고 하며 주위를 둘러보고, 옆에 있는 코델리아
를 보며
"이 사람은 누구실까? 미소를 지어 주시는데, 어
쩐지 딸인 코델리아인 듯한 생각이 들어 어찌할
바를 모르겠는걸."

責(se) 腸(chyou)	코델리아는 아버지의 손을 잡고 흐느끼면서 "바로 그 코델리아이옵니다." "눈물을 흘려 주는 거니? 너는 나를 원망하고 있을 텐데." "왜 원망할 리가 있겠습니까. 왜 원망할 리가......" 왕은 여전히 엉뚱한 말을 늘어놓고는 있었지만, 그 한 마디 한 마디에도 과거의 잘못을 뉘우치고 자신을 책망하며, 딸에게 사죄하는 진심이 담겨져 있었다. 코델리아는 그 말을 듣고 창자가 찢어지는 듯한 느낌이 들었다. 그 후 노왕(老王)은 코델리아의 효성스러운 봉양으로 여생을 안락하게 보냈다고 한다.

제15과 참치 그물

網(ami)

　참치를 잡는 방법은 여러 가지 있지만, 대모망(大謀網)으로 잡는 것만큼 용맹스러운 것은 없을 것이다.

　대모망은 본체 그물과 울타리 그물의 두 부분으로 구성되어 있어서, 대단히 커다란 것이다.

이것을 바다 속에 펼친 모습은 꼭 큰 국자와 비슷하다. 즉 물이 담기는 곳에 해당하는 부분이 본체 그물이고, 손잡이에 해당하는 부분이 울타리 그물이다. 먼저 바닷가 근처의 참치가 몰려오는 장소를 선정하여, 해안으로부터 먼바다 쪽으로 사오백 미터나 되게 기다랗게 울타리 그물을 치고, 그 끝부분에 본체 그물을 친다. 조류에 흘러가지 않도록 본체 그물이나 울타리 그물 모두, 추의 역할을 하는 가마니나 돌 등이 붙여져 있다. 본체 그물의 바깥쪽이나 육지의 높은 곳에 물고기의 움직임을 감시하는 망루가 설치되어 있어서, 어부들이 끊임없이 참치가 오는 것을 망보고 있다.

揚(a)	떼를 지어 몰려온 참치는 먼저 울타리 그물에 놀라서, 이 그물을 따라 먼바다 쪽으로 도망가려다가 본체 그물 속으로 들어간다. 그때 감시 망루 위에서 깃발을 들어올려, 참치 떼가 그물로 들어 갔다는 신호를 하면, 그물 입구 가까이서 지키고 있는 어부가 서둘러 입구를 닫아 버린다. 이로써 물고기는 도망쳐나갈 수 없다. 그래서 여러 척의 배에 나눠 탄 어부들이 영차영차 소리를 지르면서 본체 그물을 한쪽부터 당겨 간다. 이리하여 그물 속이 점점 좁혀짐에 따라서 참치들은 수면에 소용돌이를 일으키거나, 등지느러미를 바닷물 위로 드러내거나 하면서 이리저리 헤엄쳐 다닌다.

狂(kuru) 貫(kan)	그물 속이 점점 좁아지면 그 주위를 배로 에워싸 버린다. 어부들은 각자 손에 쇠갈고리를 한 자루씩 쥐고, 여기저기서 날뛰는 참치들을 걸어서, 뛰는 힘을 이용하여 배 안으로 끌어올린다. 백삼사십 킬로그램 남짓에, 때로는 삼백칠십 킬로그램 이상이나 되는 큰 참치가 꽈당 소리를 내며 배 안으로 던져지는 광경은 정말로 장쾌함의 극치이다. 　배가 참치로 가득차면, 풍어깃발을 바람에 휘날리면서 육지 쪽으로 영차영차 저어 돌아온다. 어부들의 얼굴은 득의양양한 기색으로 빛나서, 마치 개선 장병처럼 보인다.

제16과 나루토(鳴門)

誇(hokori)	**1.** 아와(阿波)와 아와지(淡路) 섬 사이의 바다는 이곳이도다 이름에 걸맞는 나루토 뱃길 겹겹의 거센 파도 승리의 함성 지르며 바다의 긍지가 서려 있는 곳 

2.
산(山)들도 소리 지르며 썰물이 끓어오르고
끓어오르는 썰물이 세차게 소용돌이치며
소용돌이치며 흐르고 흐르다 소용돌이쳐서
하늘로 날아오르는 바다의 물보라

3.
하타카지마(裸島) 섬에서 소용돌이치는 바다를
보니
가슴도 두근거리고 눈까지 부시도다.
선장님은 용감하네 이 바닷길을
제압하여 저어 가네 나무 조각배

제17과 마미야 린조(間宮林蔵)

疑(gi)
査(sa)
確(tashika)
雇(yato)
舟(bune)

사할린은 대륙에 이어진 땅이기도 하고 한편으로는 육지에서 떨어져 있는 섬이기도 하여, 세상 사람들은 오랫동안 이를 의문으로 생각하였다. 그런데 그 실제를 조사하여, 이 의문을 해결한 사람이 마침내 우리 일본인 중에서 나타났다. 마미야 린조가 바로 이 사람이다.

지금으로부터 약 120년 전, 즉 분카(文化) 5년(1808년) 4월에 린조는 막부(幕府)의 명에 의해 마쓰다 덴주로(松田傳十郎)와 함께 사할린 해안을 탐험하였다. 사할린이 육지에서 떨어진 섬이지, 대륙에 이어진 땅이 아니라는 것은 이 탐험에 의해 대략 알 수 있었지만, 이를 더욱 자세히 확인하기 위하여 같은 해 7월에 다시 린조는 홀로 사할린으로 향하였다.

먼저 사할린의 남단(南端)인 시라누시(白主)라는 곳으로 건너가, 이곳에서 원주민을 수행원으로 고용하여, 작은 배를 타고 마침내 탐험 길에 올랐다.

宅(taku) 探(sagu)	그로부터 약 1년 동안 풍랑에 견디고, 배고픔과 추위와 싸우는 등 엄청난 어려움을 무릅쓰고 사할린의 북단에 접근하여, 나니오라는 곳에 당도하였다. 여기서부터 북쪽은 파도가 험하여 배가 나아갈 수도 없으므로, 산을 넘어 동쪽 해안으로 나가려고 하자, 수행원인 원주민 등이 행선지의 위험을 두려워하여 동행하기를 원하지 않는다. 어쩔 수 없이 남쪽의 노테토라는 곳으로 되돌아가, 추장인 코니의 집에 머무르며 적당한 기회가 오기를 기다렸다. 　그물을 짜고 배를 저으며 고기잡이를 돕는 등의 일을 하면서 원주민과 친해져 이런저런 이야기를 들어 보니, 바다 건너편 대륙으로 건너가 그곳의 상황을 살펴보는 것이 오히려 목적을 달성하는 데에 더할 나위 없다는 것을 알았다.

己(onore) 異(koto) 怪(aya)	때마침 코니가 교역을 위해 대륙으로 건너가려 하자, 린조는 좋은 기회가 왔다고 남몰래 기뻐하며, 자신을 데리고 가 주도록 간청한다. 코니는 "용모가 다른 그대가 그곳에 가면, 분명히 사람들이 이상하게 생각하여 놀림감이 되거나, 혹은 목숨도 위험할 거야"라고 하며 거듭 말렸지만, 린조가 듣지 아니하여 마침내 동행하기로 결정하였다. 　출발일이 다가오자 린조는 이제까지의 기록 일체를 한데 모아 수행원에게 건네며 "만약 내가 그곳에서 죽었다는 소식을 들으면, 그대는 꼭 이것을 자유로이 가지고 돌아가 일본의 관공서로 보내기 바라오"라고 말하였다. 　분카 6년(1809년) 6월 말에 코니, 린조 등의 일행 여덟 명은 조그만 배를 타고 지금의 마미야 해협을 가로질러 데카스트리 만(灣)의 북쪽에 상륙했다.

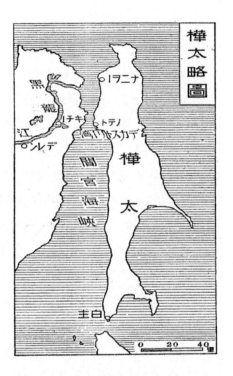

　그곳으로부터 산을 넘고 강을 따라 내려오며, 호수를 건너서 흑룡강(黑龍江) 강가인 키치로 나왔다. 그동안 산에 다다르면 배를 끌면서 넘고, 강이나 호수가 나오면 다시 배를 띄워 나아갔다. 밤에는 노숙하는 경우가 적지 않았다.

| 抱(da)
懷(hutokoro)
顧(kaeri)
叱(sit) | 나뭇가지를 베어서 땅위에 쌓고, 그 위를 나무 껍질로 덮어서, 여덟 명이 한 군데에 웅크리고 앉아 겨우 비와 이슬을 피하였다.
　키치에서 원주민의 집에 묵었다. 원주민들이 린조를 신기하게 생각하여 다른 집으로 데리고 가서, 많은 사람들이 에워싸며 어떤 사람은 부둥켜 안고, 어떤 사람은 가슴을 더듬으며, 어떤 사람은 손발을 만지며 장난치거나 한다. 이윽고 술과 음식을 내어 왔지만, 린조는 그 내심을 헤아릴 수 없어서 쳐다보지 않았다. 원주민들은 화를 내어, 린조의 머리를 때리고 억지로 술을 마시게 하려 하였다. 때마침 동행하는 사할린 사람이 와서, 원주민들을 꾸짖고 린조를 구해냈다.
　다음날 그곳을 떠나 닷새 동안 강을 거슬러 올라가, 드디어 목적지인 데렌에 도착하였다. |

데렌은 각지의 사람들이 모여 교역을 하는 곳
이다. 이곳에서는 린조를 이상히 여겨 놀림감으로
삼는 경우가 더욱 심하였으나, 그런 상황 속에서
도 그는 현지의 사정을 연구하는 일에 게을리 하
지 않았다.

코니 등의 교역은 7일 만에 끝났다. 귀로에 일행
은 흑룡강을 따라 내려와 하구(河口)에 다다른 후,
바다를 항해하여 노테토로 돌아왔다. 이곳에서 린
조는 코니 일행에게 이별을 고하고, 같은 해 9월
중순에 혼자서 돌아왔다.

린조의 두 번에 걸친 탐험에 의해, 사할린은 대
륙의 일부가 아님이 명백해졌을 뿐 아니라, 이 지
방의 사정도 처음으로 우리나라에 알려지게 되었
다.

제18과 법률

提(tei)
討(tou)
否(hi)

　법률은 국가라고 하는 공동생활을 질서 있고 또한 행복한 것으로 만들기 위한 규칙이므로, 적어도 국민 된 자는 반드시 이를 지키지 않으면 안 된다.

　법률을 제정하기 위해서는 정부 또는 귀족원(貴族院)2)과 중의원(衆議院)의 양원 중 어느 쪽인가가 그 안을 작성하여 의회에 제출한다. 정부로부터 제출된 안은 먼저 의회의 일원(一院)에서 토의된다. 토의의 형식은 보통 제1독회(讀會), 제2독회, 제3독회의 세 번에 걸친 회의를 거치게 되어 있다. 즉 제1독회에서 그 안을 대체적으로 조사하고, 제2독회에서 심의하며, 제3독회에서 법률안 전반에 대한 가부를 의결한다.

---

2) 일본의 제국헌법 하의 양원(兩院) 중 일원(一院)으로, 1890년부터 1947년까지 존재했다.

省(syou)	이렇게 하여 그 원(院)에서 가결하면, 그 안을 다른 원으로 보낸다. 여기에서도 동일한 형식으로 토의하여 양원의 의견이 일치되면, 마지막에 의결한 의원(議院)의 의장이 국무대신을 경유하여 천황에게 올린다. 또한 귀족원, 중의원의 양원 중 어느 곳인가에서 제출된 안은 다른 일원에서만 토의하며, 가결되면 동일한 절차에 의해 천황에게 올린다. 그리하여 천황이 이를 재가(裁可)하시어 공포하도록 하시면, 비로소 법률이 제정되는 것이다. 　법률 외에 칙령(勅令), 각령(閣令), 성령(省令), 부현령(府縣令) 등의 명령이 있다. 이들 명령도 나라의 규칙으로서, 넓은 의미로 말할 경우에는 역시 법률이므로, 그 제정 또한 가능한 한 신중한 절차를 거친다.

薄(haku) 依(yo) 測(haka)	다만 법률은 반드시 제국의회(帝國議會)의 찬동과 협조를 거치지 않으면 안 되지만, 명령에는 그 절차가 없다. 　한 나라의 문화수준은 그 국민들에게 국법을 준수하는 정신이 많은지 적은지에 의해 가늠할 수 있다고 한다. 우리들은 항상 국법에 따라 행복한 생활을 영위하며, 아울러 나라의 품위를 높이는 일에 힘쓰지 않으면 안 된다.

제19과 석가(釋迦)

석가는 지금으로부터 약 2,500년 전에 인도 북부 히말라야 산기슭에 있는 카피라바스토 왕국의 태자로 태어났다.

석가는 선천적으로 동정심이 많고, 무슨 일이든 깊이 생각하는 성품이었다. 언젠가 부왕(父王)과 함께 성 밖으로 나가, 농부가 일하는 모습을 둘러본 적이 있다. 누더기를 걸친 농부는 구슬 같은 땀을 흘리며 논을 일구고, 소는 지칠 대로 지쳐서 헐떡거리며 일하고 있었다. 때마침 날아 내려온 새가 쟁기에 파헤쳐진 벌레를 쪼아 먹었다. 나무그늘에서 잠자코 응시하고 있던 그는 곰곰이 자신의 처지와 견주어 생각하면서, 농부와 소의 고생을 동정하는 마음과 함께 벌레의 운명을 불쌍히 여겼다.

| 與(azuka)
賢(ken) | 그는 점점 사색에 잠기게 되었다. 그것을 보고 심히 애를 태운 부왕은 그에게 비(妃)를 맞이하여 눈부신 궁전에 살게 하고, 국정에도 관여시키려고 하였다. 그러나 그는 성 밖에 나갈 때마다, 지팡이에 의지한 불쌍한 노인이나 숨이 곧 끊어질 듯한 병자(病者), 게다가 길가에 실려 가는 죽은 사람들을 직접 보며, 더욱더 세상의 덧없음을 느꼈다.

"사람은 무엇을 위해 이 세상에 태어난 것인가. 우리들의 마지막은 어떻게 될까?"

이런 것들을 생각하고는, 마침내 마음의 고통을 참을 수 없게 되어

"이 이상의 것은 성현(聖賢)을 찾아가 가르침을 받을 수밖에 없어!"

라고 생각하기에 이르렀다. |

부왕의 충고도 아내의 한탄도 그의 결심을 되돌릴 수는 없었다. 이리하여 그는 스물아홉 살의 어느 날 밤에 살며시 궁전을 빠져나와 수행의 길에 올랐다.

스승을 찾아 여기저기를 헤매고 있던 중에, 마가다 나라의 수도인 왕사성(王舍城) 부근으로 왔다. 일찍이 석가의 덕을 흠모하고 있던 마가다 국왕은 수행을 단념하게 하려고, 자신의 나라까지 양도하겠다고 제의했지만, 그의 결심은 아무리 해도 흔들리지 않았다. 더 나아가 그는 그 주변의 저명한 학자들을 찾아다니며 설법을 들었는데, 어느 것에도 만족할 수 없었다.

試(kokoro)	그는 마침내 "이제 남에게는 의지하지 않으리. 나 혼자서 수행을 하리라." 라고 결심하고, 어느 조용한 숲으로 들어갔다. 그리하여 이곳에서 부왕이 배려하여 보낸 다섯 친우들과 여섯 해 동안 여러 고행을 시도하였다. 　차츰 쇠약해져 무언가에 의지하지 않으면 일어설 수 없을 정도가 되었을 때, 그는 아무리 고행을 하여도 전혀 효과가 없음을 깨달았다. 그리하여 그는 우선 근처의 강에서 목욕을 하고, 우연히 그곳에 있던 소녀가 바친 우유를 마시어 기력을 회복하였다. 그런데 이런 느닷없는 태도에 놀란 다섯 친우들은 석가가 수행을 아주 그만둬 버린 것으로 생각하고, 그를 버리고 떠나갔다.

濃(ko)
靜(sei)
悟(satori)
星(jyou)
尊(touto)
胸(kyou)

　그 후 석가는 부다가야의 녹음 짙은 나무그늘에 마음을 가라앉히고 앉아서 천천히 상념에 잠겼다. 이번에는 적절하게 음식물도 섭취하고 휴식도 하였다. 그리하여 밤낮으로 계속 일어나는 마음의 미혹을 물리치고, 오직 한결같이 깨달음의 길을 구하였다.

　어느 때의 일이다. 그가 밤새도록 정좌하고 오로지 상념에 잠겨 있자니, 이윽고 한 점의 샛별이 반짝이고, 날은 어슴푸레하게 밝아지기 시작했다. 그 찰나에 그는 미혹의 구름이 활짝 걷히고, 확실하게 참된 진리를 깨달을 수 있었다. 그는 이러한 심경의 고고함에 여러 날 동안 단지 넋을 잃고 있었는데, 이윽고 이 고귀한 심경을 세상 사람들과 함께 하지 않고는 가만히 있을 수 없는 자비심이 가슴 속에 가득 넘쳤다.

卽(soku)

　석가는 세상을 구제하는 첫 번째로, 먼저 그 다섯 친우들을 찾아갔다. 일찍이 석가를 버린 그들도 그 자비롭고 너그러운 모습을 보고는, 자신도 모르게 그 앞에 무릎을 꿇지 않을 수 없었다. 그들은 석가의 가르침을 듣고, 그 자리에서 제자가 되었다.

妻(sai) 抗(kou) 迫(haku)	석가는 이어서 마가다 국왕을 찾아가 정중하게 진리를 설법하고, 더 나아가 카피라바스토로 돌아가 부왕과 처자식을 비롯하여 국민들을 교화시키고, 고향의 은혜에 보답했다. 이제 석가는 많은 별들 속의 보름달처럼, 온 나라가 우러러보는 몸이 되었는데, 그 중에는 그를 시샘한 나머지 반항할 뿐만이 아니라, 박해를 하려는 사람까지도 생겼다. 특히 데바닷타는 사촌 사이인데도 이전부터 석가의 명망을 시기하여, 몇 번인가 그를 해치려고 하였다. 언젠가처럼, 석가가 산 아래에 있는 것을 발견하고 위쪽에서 커다란 돌을 굴렸는데, 그 돌은 석가의 발에 상처를 냈을 뿐이어서, 목적을 이룰 수는 없었다.

巡(megu) 諭(sato)	석가는 여든 살의 고령에 이르러도 여전히 누더기를 걸치고, 배고픔과 싸우면서 각지를 순례하며 진리를 전하고 있었는데, 마침내 병을 얻어 구시나가라 부근의 숲속에 머물렀다. 위독하다는 소식이 전해지자, 이제까지 가르침을 받은 사람들이 사방에서 모여 이별을 아쉬워했다. 마침내 임종이 가까워졌을 때, 석가는 슬퍼하며 울고 있는 사람들에게 　"나는 행하고자 생각한 것들을 모두 행하였으며, 말하고자 한 것들을 다 말하였노라. 이제까지 설법한 가르침 자체가 나의 생명이니라. 내가 죽은 뒤에도 각자가 그 가르침을 진지하게 행하는 곳에 나는 영원히 살아 있느니라." 라고 타이르고 조용히 눈을 감았다.

제20과 나라(奈良)

失(sit)
廻(kai)
嚴(gen)
自(mizuka)
廢(suta)

　7대(代) 70여 년 동안 황성(皇城)으로서, 피어나는 꽃이 향기를 발하듯 사랑스러웠던 나라의 도읍지도, 이미 색이 바래고 향기를 잃은 지　해가 오래되어, 지금은 그저 기나이(畿內) 지방의 일개 도시로서 겨우 옛 여운을 간직할 뿐이다. 그렇지만 가스가(春日) 신사 앞의 붉은 회랑(廻廊)은 산의 녹음과 어울려 아름답고, 엄숙한 분위기는 사람들의 옷깃을 저절로 여미게 하며, 도다이지(東大寺) 절의 금당(金堂)은 하늘 높이 우뚝 솟아, 16미터 정도 되는 대불(大佛)의 1,200년 동안의 모습을 보존하고 있다. 고후쿠지(興福寺) 절은 가람(伽藍)이 거의 폐허가 되었지만, 여전히 삼중탑과 오중탑은 사루사와(猿沢) 연못에 그림자를 드리워, 남도(南都) 제일의 아름다운 경관이다.

低(tei) 能(ata)	절과 신사(神社)의 장엄하고 화려함은 잠시 접어 두고, 무슨무슨 산, 무슨무슨 강, 나무 한 그루, 풀 한 포기에 이르기까지도 역사가 있고 옛 시(詩)가 있어서, 사람들을 사색에 잠기게 하여, 쉽게 떠날 수 없게 만든다. 

霞(kasumi)

봄에는 와카쿠사야마(若草山) 산의 잔디가 푸르름으로 넘치고, 산가쓰도(三月堂), 니가쓰도(二月堂)가 안개에 쌓여 마치 꿈 속 같으며, 가을에는 가스가 신사가 신성하게 느껴지며, 다무케야마(手向山) 산의 단풍이 석양 빛에 반짝이는 모습이 특히 볼만하다.

鹿(shika)
哀(ai)
缺(ka)
岡(oka)
井(sei)
裏(ri)

　사람에게 친숙하게 다가오는 사슴들은 봄에 특히 유순하며, 가을부터 겨울에 걸쳐 우짖는 구슬픈 소리가 연신 사람들의 정신을 퍼뜩 들게 하는 것도 나라에서는 빼놓을 수 없는 정취일 것이다. 사호(佐保), 사키(佐紀)의 이어지는 언덕을 북쪽 끝으로 하고, 가스가(春日), 다카마도(高圓) 등의 여러 산들이 동쪽에, 야타야마(矢田山) 산과 이코마야마(生駒山) 산이 서쪽 가까이 자리 잡고 있다.

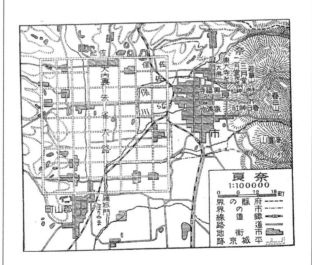

井(sei) 裏(ri) 郡(koori)	동서로 약 4.4킬로미터, 남북으로 약 4.9킬로미터의 규모에, 아홉 개의 크게 뚫린　대로(大路)가 가지런하고, 북쪽으로 궁전을 우러러 주작(朱雀) 대로가 남쪽으로 뻗어 있으며, 그 끝에 라조몽(羅城門)이 우뚝 서 있었던 옛 나라의 도읍지는 애초에 얼마나 아름답고 융성하였을까.　이제 와카쿠사야마 산에 올라 옛 도읍지 터를 바라보니, 눈 아래에 가로로 뻗은 나라 시가지의 서쪽 멀리 이어지는 전원(田園) 사이에 동서로 나 있는 세 개의 도로는, 북쪽부터 차례대로 옛날의 일조(一條), 이조(二條), 삼조(三條) 대로의 흔적이다. 대극전(大極殿) 터는 아득히 멀리 가리켜야 하고, 남쪽의 고리야마(郡山) 마을 동쪽에 라조몽 터가 지금도 남아 있다고 한다.

首(koube)
回(megu)

　　당시의 주상은 훌륭한 궁전과 아름다운 누각을 바라보고, 귀족들은 반듯하게 나 있는 도읍지 대로를 벚꽃, 단풍으로 장식하고 오갔을 것인데, 이제 와서 생각하니 다만 일장춘몽에 지나지 않는다.

　　고개를 돌려 남쪽 방향을 바라보니, 야마토(大和) 평야가 끝나는 곳에 아련하게 우네비야마(畝傍山), 미미나시야마(耳成山), 아마노카구야마(天の香久山)의 세 산들이 눈썹 모양으로 보이고, 그 남쪽에 유난히 높이 도노미네(多武峰), 요시노야마(吉野山) 등의 여러 산들이 이어져 있는 것이 보인다. 정말로 "에워싼 푸른 산의 울타리 속에, 자리 잡은 야마토 아름답도다"라고 읊은 그대로이다. 사랑스럽고 아름다운 산야(山野)는, 더욱 태고 이래의 역사, 문학과 어우러져, 한층 깊은 감회를 느끼게 한다.

제21과 아오노 도몽(靑の洞門)3)

頭(zu)	부젠(豊前) 지방의 나카쓰(中津)에서 남쪽으로 30리, 격류(激流)가 세차게 바위에 부딪치는 야마쿠니가와(山國川) 강을 오른편에 바라보며, 강변으로 난 길을 따라 나아가면 왼쪽의 산은 점점 머리 위로 다가와, 마침내는 길 앞쪽에 우뚝 서서 사람들의 앞길을 막아 버린다. 여기서부터가 세상에서 무서운 아오노구사리도(靑のくさり戸)이다. 그것은 야마쿠니가와 강을 따라 이어지는 병풍 같은 절벽에 의지하여, 보기에도 위험한 수백 미터의 사닥다리를 만든 것인데, 옛날부터 이곳을 건너려다 물속으로 떨어져 목숨을 잃은 사람이 몇 백 명 있었는지 모른다. 교호(享保 1716년〜1735년) 연간의 일이었다. 이 아오노구사리도로 접어들기 바로 앞의 길을 막고 서 있는 바위산에서, 매일매일 끈기 있게 끌을 휘두르며 구멍을 파기에 여념이 없는 승려가 있었다.

---

3) 오이타(大分) 현(県) 야바케(耶馬溪)에 있는 터널로, 험준한 바위산을 뚫어서 만든 도로이다.

衣(koromo)	몸에는 빛 바랜 헤어진 옷을 걸치고, 햇볕에 그을린 데다 일하느라 수척해져 나이도 잘 알아볼 수 없을 정도이지만, 굳게 다문 입가에는 강한 의지가 배어나고 있다. 　승려는 이름을 젠카이(禪海)라고 하며, 원래 에치고(越後) 지방 사람으로, 여러 지방의 사찰을 순례하던 끝에 우연히 이 험한 길을 지나며 수많은 불쌍한 이야기를 듣고, 어떻게 방법은 없는 것일까 하고 마음 속 깊이 고민하였다. 그리하여 이리저리 생각한 끝에 마침내 결심하여, 설령 몇 십 년 걸릴 테면 걸려라, 내 목숨이 있는 한 한 몸을 바쳐 이 바위산을 파서, 만인을 위해 안전한 길을 만들어 주리라고 신불(神佛)에게 굳게 맹세하고 이 일에 착수한 것이었다.

이를 본 마을사람들은 그를 미친 사람으로 취급하여 상대도 하지 않고, 다만 웃음거리로 삼고 있었다. 아이들은 일하고 있는 노승(老僧) 주변에 모여 "미치광이 미치광이!"라고 놀려대며, 그 중에는 낡은 짚신이나 돌멩이를 던지는 사람까지 있었다. 그렇지만 승려는 뒤돌아보지도 않고 그저 묵묵히 끌을 휘두르고 있었다.

그러는 동안에 누가 발설했다고 할 것도 없이, 저 사람은 사이비 중으로, 저런 수작을 벌여 사람들을 농락할 것이라는 소문이 났다.

그리하여 음으로 양으로 일을 방해하는 자도 적지 않았다. 그러나 승려는 다만 묵묵히 끌로 바위산을 파고 있었다. 이렇게 다시 몇 년인가 지나는 동안에 구멍은 점점 안쪽으로 깊어져서, 벌써 몇십 미터가 되는 깊이에 달했다.

이 동굴과 십년을 하루같이 묵묵히 끌을 쥔 손을 쉬지 않는 승려의 끈기를 본 마을사람들은 새삼스럽게 놀랐다. 될 턱이 없다고 얕보고 있었던 바위산 뚫기도, 이렇게 되면 어떻게든 가능할 것 같다. 일념(一念)으로 뭉친 부단한 노력은 무서운 것이라는 생긱이 들자, 이 볼품도 없는 노승의 모습이 갑자기 고귀하게 보이기 시작했다.

그래서 사람들은 차라리 자신들도 가능한 한 이 일을 도와, 하루라도 빨리 터널을 개통하여 노승이 살아 있는 동안에 그 뜻을 이루게 함과 동시에, 자신들도 저 절벽의 사닥다리를 건너는 고생에서 벗어나자고 의논하고, 그 방법에 대해서도 결정하였다.

그 후로는 노승과 함께 동굴 속에서 끌을 휘두르는 사람도 있으며, 비용을 희사하는 사람도 생겨서, 일은 크게 진척을 보게 되었다. 그러나 인간은 쉽게 싫증을 낸다. 이렇게 또 몇 년인가 지내는 사이에, 마을사람들은 이 일에 질리게 되었다.

　일손을 돕는 사람들이 하나, 둘 줄어들어, 결국
은 다시 마을사람 전체가 이 노승으로부터 떠나가
게 되었다.
　그렇지만 노승은 조금도 개의치 않는다. 그가
처음 생각한 일념은 해가 지나면서 점점 굳건해져
서, 때로는 한밤중까지도 어스레한 등잔불에 의지
하여 경문(經文)을 외면서 열심히 끌을 휘두를 뿐
이었다.

노승의 시종 일관된 끈기가 마침내 마을사람들을 부끄럽게 만들었는지, 일을 돕는 사람이 다시 조금씩 생기게 되었다. 이리하여 노승이 끌로 이 절벽을 파기 시작한지 꼭 30년째에, 그가 일생을 바친 대공사가 훌륭하게 완성되었다. 터널의 길이는 실로 100여 미터에 이르고, 강에 면해 있는 쪽에는 군데군데 빛을 받아들이는 창까지 뚫어 놓았다.

지금은 이 터널을 확장하고, 여기저기 손을 보아 옛 형태를 고치기는 했지만, 일부는 여전히 옛날의 모습을 간직하여, 젠카이의 평생 동안의 고생을 영원히 이야기해 주고 있다.

제22과 토마스 에디슨

驗(ken)
照(syou)

　전등이 발명된 것은 지금으로부터 대략 110여 년 전의 일이다. 당시에는 단순히 이화학(理化學) 실험용으로 사용되는 데에 지나지 않았지만, 점차 개량되어서 사오십 년 뒤에는 등대 등에 설치되기에 이르렀다. 그렇지만 이것은 오늘날의 아크등과 유사한 것으로서, 공원이나 도로 등의 조명용으로는 적당하지만, 실내에 사용하기에는 규모가 큰데다 빛이 너무 강하여 실용적이지 않았다. 이런 결점이 없는 전등의 출현은 당시 사람들이 가장 희망하는 바였다.

　일찍이 이 희망을 실현시키고자 하고 있었던 토마스 에디슨은 이미 전화기에 관한 발명에 성공함으로써, 더 나아가 새로운 전등의 발명에 착수하였다.

稀(ki)	그의 희대(稀代)의 천재성은 여기에도 유감없이 발휘되어, 착착 성공 단계로 나아갔으나, 다만 필라멘트에 이르러서는 그가 가장 고심한 부분이었다.

徒(itazura) 机(ki)	처음에 그는 종이에 탄소를 발라 실험해 보았지만, 의도했던 결과를 얻지 못한다. 이어서 백금이나 그 외의 금속 철사로 다양한 실험을 거듭하지만, 이 또한 실패로 끝났다. 이렇게 되자 다시 탄소선(炭素線)의 연구에 몰두하였지만, 많은 시간과 금전을 헛되이 낭비한 것에 지나지 않았다. 　어느 날의 일이었다. 에디슨은 평소처럼 실험실에 틀어박혀 연구에 여념이 없었는데, 문득 바라보니 책상 위에 모양이 독특한 부채가 하나 있었다. 별 생각 없이 손에 쥐고 보고 있던 그의 눈은 이상하게 빛났다. 그가 뚫어지게 본 것은 그림이나 종이가 아니고, 다름 아닌 부채에 사용된 대나무였다.

許(kyo)	그는 곧바로 대나무로 탄소선을 만들어 실험을 하였는데, 기대 이상의 좋은 결과를 얻었다. 이렇게 되자 그는 사람들을 세계 각지로 보내어 대나무를 채집하게 하고, 가지고 온 그 대나무에 대해 면밀하게 연구하였는데, 일본의 대나무가 가장 적당하여 오직 이것으로만 필라멘트를 제조하였다. 그리하여 그 전구는 금방 세계로 퍼졌다. 에디슨이 발명한 것은 전화, 전등, 전신, 전차, 활동사진, 축음기 등 대단히 많으며, 미국에서 특허를 받은 것만으로도 그 수가 실로 천 여 가지에 이른다. 오늘날 문명의 이기(利器)라 불리는 것으로서, 직간접적으로 그의 천재성에 의하지 않은 것은 거의 없다고 할 수 있다.

제23과 전기(電氣)의 세계

蒸(jyou)
革(kaku)

　25일 오후 1시부터 학교 강당에서 무라사키(村崎) 공학박사님의 "전기의 세계"라는 제목의 강연이 있었다. 박사님은 먼저

　"오늘날 전기의 이용은 실로 놀랄 만한 것입니다. 전차는 점점 기차의 영역까지도 침범하고, 더 나아가 전기기관차까지도 이용되게 되었습니다. 여러 기계의 원동력이었던 인력 또는 증기력도 점점 전기로 바뀌어, 공업 분야의 일대 혁신을 재촉하고 있습니다.

　특히 근년에는 수력 전기의 놀랄 만한 발달과 함께 전력은 아주 염가로 제공되므로, 석탄의 화력에 의한 증기력(蒸氣力)은 대부분의 경우 이에 필적할 수 없게 되었습니다.

루(sou)	그 뿐만이 아니라, 석탄은 언젠가는 고갈되어 버리지만 수력은 무한하다 할 수 있습니다." 라고 하며, 급류나 폭포가 많은 우리나라에서는 장래에 더욱더 수력 전기의 이용을 도모하지 않으면 안 된다는 점을 역설하였다. 　그 다음에 박사님은 전기의 빛에 대해 설명하셨다. 　"에디슨이 탄소선 전등을 발명한 것은 40년 전쯤의 일이었는데, 지금은 더욱 발전하여 불빛의 색깔이 태양과 유사한데다, 비교적 열이 적게 나는 전등까지도 발명되었습니다. 일반적으로 가장 이상적인 전등 불빛은 태양광처럼 밝으며, 그 위에 반딧불이 불빛처럼 열을 동반하지 않는 것입니다."

消(syou) 換(kan) 扇(sen) 庭(tei)	라고 말하고, 활동사진의 필름이 아크등의 열로 인해 불이 나서, 많은 사상자를 냈다는 이야기 등을 덧붙여 설명하였다. 　"전신이나 전화의 발명은 그 당시 정말로 전 세계를 놀라게 한 것이었습니다만, 그 후 무선전신이 발명되어 땅 위에서나 바다 위에서나 자유롭게 소식을 교환할 수 있게 되었습니다. 또한 최근에는 방송무선전화, 즉 세간에서 말하는 라디오가 발명되어, 여러분들도 아시는 바와 같이 이미 우리나라에서도 활발하게 방송되고 있습니다." 　이리하여 박사님은 세계 여러 나라에 있어서의 방송무선전화의 현재 상황에 대해 이야기하고, 더욱 화제를 바꿔서 전기곤로, 전기다리미, 전기난로, 선풍기 등 가정에 있어서의 전기 이용에 대해 이야기하였다.

그리고 마지막에 목소리를 조금 높여서

"여러분! 이제 전기는 이처럼 모든 방면에 이용
되고 있습니다. 그렇지만 전기의 이용은 결코 이
것으로 끝난 것이 아닙니다. 장래에 여러분의 연
구에 기대하는 바가 대단히 많은 것입니다."

라고 말하고 단상에서 내려왔다.

제24과 옛 스승님께 올림

묻(tei) 伺(ukaga) 引(in)	오이(大井) 선생님께 　삼가 올립니다. 정말로 오랫동안 소식 드리지 못하고 지내어 대단히 죄송하옵니다. 이곳에 온 이래 한번 서신 올리어 문안을 여쭙고자 생각하면서도, 숙달되지 않은 일이온지라 업무에 쫓기어 하루하루 미루다 이제까지 와 버렸사옵니다. 실례를 용서해 주시길 비옵니다. 　오늘 갑자기 우에다 군을 만나 오랜만에 이런저런 고향 소식을 들었사옵니다만, 선생님께서는 항상 건강하시다 하여 다행스럽기 그지없는 일이옵니다.

忙(isoga) 訓(kun)	저에 대해 마음을 써 주시어 늘상 "고야마 (小山)는 어떻게 지내고 있을까?"라고 말씀하신다고 하여, 더욱더 그리운 생각이 들었사옵니다. 주인의 심부름 등을 가는 도중에 초등학교 앞을 지날 때면, 고향 학교에서의 재미있었던 일 등을 떠올리옵니다. 　제가 근무하고 있는 집은 포목점으로, 상당히 분주하옵니다. 처음에 왔을 당시에는 아무것도 몰라 오직 애만 태울 뿐이어서, 스스로도 한심하게 생각했사옵니다만, 무슨 일이든 인내가 제일이라는 예전의 교훈에 따라 열심히 일하여, 점차 가게의 상황도 이해되고 손님 대하는 법에도 익숙해져, 업무에 흥미를 느끼게 되었사옵니다.

定(jyou)	매일 밤 매출액을 계산할 때 등에는, 동료 중 에서 계산은 제가 가장 잘한다고 항상 칭찬을 듣사옵니다. 이것도 오로지 선생님들의 덕택 이라고 깊이 감사하고 있사옵니다. 앞으로는 한층 더 업무에 힘써서 하루라도 빨리 어엿한 상인(商人)이 되어, 부모님을 안심시켜 드리려 하고 있사옵니다. 우선 격조했던 데 대한 사죄 를 겸하여 근황을 알려 드리옵니다. 삼가 글월 올렸사옵니다. 2월 20일 고야마 후미타로(小山 文太郎)

제25과 입항(入港)

迫(sema)
懷(natsu)

1.
꿈에서만 보았던 고향산천도
자나 깨나 그리워 한 고향의 집도
눈 앞 가까이에 다가왔구나.
갈매기 날아가는 바다 나아가
배는 이제 조용히 귀항한다네.
그리운 고향 항구여!

2.
거친 바람 불어대는 어둠 속을 떠돌고
의지할 곳도 없는 바다를 유랑하며
추억이 깊이 서린 뱃길이여.
오늘도 무사히 항해 마치고
배는 이제 조용히 귀항한다네.
그리운 고향 항구여!

載(no)	3. 이름다운 옥(玉)과 진주 향기 좋은 나무와 풀의 보배 높게 쌓인 적재화물 속에 바다와 산의 보물 가득 싣고서 배는 이제 조용히 귀항한다네. 그리운 고향 항구여!

제26과 가쓰 야스요시와 사이고 다카모리

悟(go)
涉(syou)
委(i)
策(saku)
謀(bou)

　메이지(明治) 원년(1868년) 3월 도쿠가와 요시노부(德川慶喜)[4]를 토벌하는 관군(官軍)은 여러 길을 통해 동시에 진군하여, 동해도(東海道) 길의 선봉은 시나가와(品川)로, 동산도(東山道) 길의 선봉은 이타바시(板橋)에 당도하였다. 그 달의 15일을 기해 총공격을 가하여 일거에 에도(江戸)를 점령할 계획이다. 도쿠가와 진영도 사태가 이렇게 된 이상은 끝까지 싸울 각오를 하고, 대단한 긴장감을 보이고 있다. 그러나 시중의 혼란은 벌집을 쑤신 듯한 소동이다.

　요시노부로부터 관군에 대한 교섭의 전권을 위임받고 있던 구 막부의 육군총재 가쓰 야스요시(勝安芳)는 이전부터 백방으로 계획을 세워, 시국의 원만한 해결을 꾀하고 있었다. 그러나 대세는 어떻게 하기도 어렵고, 위기는 이미 눈앞에 다가와서, 야스요시는 3월 13일에 관군의 참모인 사이고 다카모리(西郷隆盛)에게 회답을 요청하였다.

---

4) 에도(江戸)막부 15代이자 마지막 쇼군(将軍)으로, 재위 기간은 1867年~1868年이다.

　사이고가 바로 승낙하여 시바(芝) 다카나와(高輪)에 있는 사쓰마(薩摩) 저택에서 회담하였으나, 그날은 결국 합의를 보기 어려워 두 사람은 다음날의 재회를 약속하고 헤어졌다.
　다음날인 14일의 회담은 시바 다마치(田町)의 사쓰마 저택에서 이뤄졌다.

確(kaku)	야스요시는 오늘은 꼭 최후의 확답을 들으리라 결심하고 사이고를 방문한 것이다. 저택 주변은 관군 병사들이 물 샐 틈도 없이 경비를 서고 있다. 야스요시가 들어가려 하자 문을 지키고 있던 병사들이 "야! 가쓰가 왔다. 가쓰가 왔어." 라고 웅성대면서 일제히 총검 자세를 취하고 앞을 막았다. 야스요시는 큰 소리로 "사이고는 어디에 있나!" 라고 외쳤다. 그 기세에 눌려 병사들은 엉겁결에 길을 텄다. 어느 방으로 안내 받아 기다리고 있으니 이윽고 사이고가 나왔다. 옆방에는 관군의 사나운 무사들이 대기하고 있어서, 어딘지 모르게 삼엄하다. 그렇지만 두 사람은 서로 신뢰하고 있는 사이이므로 이야기는 평온하게 진행된다.

야스요시가 말한다.

"관군 쪽의 의견은 어떠한지 모르겠습니다만, 제가 생각한 바로는 오늘날 일본 주위에는 여러 외국이 갖가지 생각을 가지고 지켜보고 있으므로, 아무 생각 없이 형제가 영역 싸움을 하고 있으면, 일본 전국을 어느 나라에겐가 기꺼이 바쳐 버리는 사태가 되지 않는다고는 결코 말할 수 없습니다. 막부의 신하로서 조금 그런 말이긴 하지만, 이러한 사태에 비하면 도쿠가와 가문의 존망 따위는 말할 가치도 없는 작은 일입니다."

상대는 큰 눈으로 뚫어지게 야스요시의 얼굴을 응시하면서 말없이 듣고 있다.

야스요시는 더욱 말을 잇는다.

"하지만 예를 들어 말씀드린 대로 아무리 약자라 해도 함부로 대해서는 안 되는 법이지요. 도쿠가와 무사의 무딘 칼날에도 조금은 잘 베이는 데가 있습니다. 관군 쪽에서 생각하신 대로 단번에는 안 될지도 모릅니다. 그렇다면 그런 동안에 또 뜻밖에 뒤에서 밀어붙이는 자 따위도 나타나서, 사태가 민감한 상황이 되지 않는다고 장담할 수도 없습니다. 나는 이 담판이 시원하게 결착을 본다 해도, 그러한 사태가 되라고는 털끝만큼도 생각하지 않습니다만, 대세는 사람의 힘으로 아무리 해도 어쩔 도리가 없는 법이라..."

사이고는 말없이 고개를 끄덕였다.

推(sui) 仁(zin) 評(hyou) 延(hi)	야스요시는 여전히 말을 계속한다. "이러한 사정을 꼼꼼이 헤아리셔서, 특별한 인자하심으로 조용하게 사태가 마무리 되도록 지금 한번 논의해 주시게 된다면, 정말로 일본국의 천운입니다. 더 나아가서는 도쿠가와 가문 및 에도 백만 백성의 천운이라는 것은 말씀드릴 필요도 없습니다. 부디 이제 한 차례의 논의를 권하며 부탁 올리는 바입니다." 사이고는 잠시 가만히 생각하고 있더니 "좋소! 여하튼 내일의 총공격을 보류한다는 한 가지만큼은 내가 목숨을 걸고 책임지겠습니다. 그 나머지 사항은 내 뜻만으로는 정할 수 없으므로, 추후의 전갈을 기다려 주십시오." 얼마 후 야스요시는 사이고의 배웅을 받으며 문을 나섰다.

捧(sasa) 免(manuga)	경비를 서는 병사들은 야스요시의 모습을 보자 일시에 몰려왔지만, 사이고가 뒤에 따라오고 있는 것을 보고 모두가 정중하게 받들어 총의 예를 갖추었다. 야스요시는 자신의 가슴을 가리키며 　"경우에 따라서는 어쩌면 자네들의 총부리에 죽을지도 몰라. 이 가슴을 잘 기억해 두게나." 라고 하면서 사이고와 얼굴을 마주보고 생긋 웃었다. 사이고는 군령(軍令)을 내려 다음날의 진군을 중지시켰다. 그리고 바로 시즈오카(静岡)의 대총독부(大總督府)로 달려가 의견을 모으고, 더 나아가 교토(京都)로 상경해서 천황의 재가를 구하여, 마침내 도쿠가와 쪽이 바라는 바를 가결시켰다. 야스요시의 목숨을 건 노력과 사이고의 결단에 의해 에도의 시민도 도쿠가와 가문도 재난을 면하고, 유신(維新)의 대사업도 막힘없이 이뤄지게 되었다.

제27과 우리 국민성의 장단점

輝(ki)
冠(kan)
隨(zui)
據(yo)
然(nen)

    우리나라가 세계에 비할 데 없는 국체(國體)를 지니고 삼천 년의 빛나는 역사를 전개해 왔으며, 바야흐로 세계 5대국의 하나로 손꼽히게 된 것은 주로 우리 국민에게 그만큼 뛰어난 자질이 있었기 때문이다. 주군과 부모에게 진심을 다 바쳐 섬기는 충효의 미풍이 세계에서 으뜸인 것은 새삼스럽게 말할 필요도 없다. 충효는 실로 우리 국민성의 근본을 이루는 것이며, 이에 부수적으로 수많은 좋은 성품과 미덕이 발달하였다.

    동해(東海)의 섬에 자리 잡은 일본은 국가를 건설하는 데 있어서 대단히 유리했다. 사면의 바다가 천연의 성벽이 되어 외적이 쉽사리 넘보는 것을 허락하지 않으므로, 국가의 존립을 위태롭게 하고 국민의 생활을 위협하는 위기는 전연 없으며, 국내는 대체로 평화로웠다.

系(kei) 短(tan)	따라서 국민들은 나라의 긍지를 훼손당한 적이 없으며, 또한 그 긍지를 영원히 지속하려는 마음가짐도 생겨서 유사시에는 거국일치(擧國一致)하여 국난에 대처하는 기풍을 만들었다. 만세일계(萬世一系)의 황실을 중심으로 하여 단결한 국민들은 이리하여 더욱더 결속을 굳건히 하고 열렬한 애국심을 길렀다. 그 위에 우리나라의 아름다운 풍경이나 온화한 기후는 자연히 국민들의 성질을 온건하게 만들고, 자연미를 애호하는 부드러운 성품을 기르는 데에 커다란 공헌을 하였다. 그러나 이러한 사정은 한편으로 국민들의 단점이 되기도 한다. 좁은 섬나라에서 자라고, 생활이 편안한 낙원에서 평화를 즐긴 우리 국민들은 자칫하면 소극적이 되기 쉬어 분투노력의 정신이 부족하며, 게으르고 안일함에 빠지는 경향이 있다.

磨(ma) 容(i) 誤(go)	온화한 기후나 아름다운 풍경은 사람의 마음을 상냥하게 하며 우아하고 아름답게는 만들지만, 웅대하고 장쾌한 기풍을 기르기에는 적절하지 않다. 특히 도쿠가와 막부 200여 년간의 쇄국은 국민들이 해외에서 발전할 기개를 꺾어 버리고, 쓸데없이 이 소천지(小天地)를 이상향으로 보고 세계의 대세를 모르는 국민으로 만들었다. 그 결과 오늘날에도 여전히 국민들은 참된 사교(社交)를 알지 못하며, 사람을 신뢰하고 이해하는 도량이 부족하다. 그래서 해외로 이주하더라도 외국인으로부터 뜻하지 않은 오해를 받아 배척당하는 경우도 발생한다. 대체로 일본인의 단점으로서는 성격이 작고 좁게 생긴 경향이 있다. 그 원인은 여러 가지 있겠지만, 옛날부터 이 섬나라에서 거친 세상을 모르고 살아온 것이 그 주된 이유일 것이다.

掃(sou) 創(sou) 侮(anado)	오늘날 우리나라가 열강의 사이에 서서 세계적인 지위를 굳힌 이상, 이러한 단점은 머지않아 우리 국민들에게서 사라지겠지만, 가능한 한 이를 빨리 일소하는 것은 우리들의 책무이진 않을까? 중국, 인도의 문명을 받아들이고 더 나아가 서양의 문명을 수입하여 장족의 진보를 이룬 일본 국민은 현명하고 기민한 국민이다. 타국의 문명을 소화하여 이를 솜씨 있게 자국의 것으로 만드는 일은 정말로 우리 국민성의 커다란 장점이다. 그러나 그 한편으로 또 단점이 나타나지는 않을까? 자신이 생각한 대로 만들어내는 창조력은 충분히 발휘된 적이 없고, 옛날부터 대부분 모방에만 전념해 온 느낌이 있다. 습성이 되어 버리면 결국 일본인에게는 독창성이 없을 것이라고 스스로도 경시하고, 외국인들에게도 경멸당한다.

脫(dat) 潔(kiyo)	그러나 모방은 결국 창조의 과정이지 않으면 안 된다. 우리들은 언젠가는 모방의 영역에서 벗어나 충분히 독창력을 발휘하여, 세계문명에 있어서 크게 공헌하고 싶은 것이다. 우리 국민들에게는 정결한 것, 담백한 것을 좋아하는 경향이 있다. 벚꽃이 일시에 피었다 일시에 지는 정취를 즐기는 것이 바로 그것이며, 옛 무사가 떳떳하게 죽는 전사(戰死)를 더할 나위 없는 명예로 삼는 것이 그것이다. 일본인만큼 담백한 색이나 맛을 좋아하는 사람들은 없을 것이다. 담백한 것, 정결한 것을 좋아하는 우리 국민은 그 장점으로서 염치를 소중히 여기고, 결백을 중시하는 미덕을 발휘하고 있다. 그러나 그 한편에는 사물에 쉽게 질리고 포기하기 쉬운 성격이 숨어 있지는 않은가.

견인불발(堅忍不拔), 어디까지나 처음에 먹은 마음을 밀고나가는 끈기가 부족한 것은 아닌가. 여기에도 또 우리들이 반성해야 할 단점이 있는 듯하다.

우리 국민의 장단점을 헤아려 본다면 아직 이외에도 여러 가지 있을 것이다. 우리들은 항상 그 장점을 알아서 이를 충분히 발휘함과 동시에, 또한 늘 그 단점에 주의하며 이를 보완하여 대국민(大國民)에 어긋나지 않는 훌륭한 국민이 되지 않으면 안 된다.

소학심상(小學尋常) 국어독본 권12   끝

다이쇼 12년(1923) 6월 26일 발행
쇼와 3년(1928) 3월 15일 수정인쇄
쇼와 3년(1928) 3월 17일 수정발행   (비매품)

저작권 소유 문 부 성

인쇄소 공동인쇄주식회사
東京市 小石川區 久堅町 百八番地

大正十二年六月廿六日　發行

昭和三年三月十五日　修正印刷

昭和三年三月十七日　修正發行

（非賣品）

著作權所有

著作兼發行者　文部省

東京市小石川區久堅町百八番地

印刷者　大橋光吉

東京市小石川區久堅町百八番地

印刷所　共同印刷株式會社

▶ 찾아보기

역자소개

김순전 金順槇

소속 : 전남대 일문과 교수, 한일비교문학일본근대문학 전공
대표업적 : ① 저서 : 『韓日 近代小說의 比較文學的 硏究』, 태학사, 1998년 10월
　　　　　② 저서 : 『일본의 사회와 문화』, 2006년 9월, 제이앤씨
　　　　　③ 편저서 : 일제강점기 조선총독부 편찬 『초등학교 唱歌 교과서』
　　　　　　　　　대조번역, 상·중·하 3권, 2013년 8월, 제이앤씨

박장경 朴長庚

소속 : 전주대 일본언어문화학과 교수, 일본어학 전공
대표업적 : ① 논문 : 「한일 양언어의 주명사 『가능성(可能性)』에 대한 고찰」, 『日本
　　　　　　　　　語文學』 第51輯, 韓國日本語文學會, 2011년 12월
　　　　　② 저서 : 『日本語의 連体修飾構文에 關한 硏究』, 제이앤씨, 2005년 8월
　　　　　③ 역서 : 『日本語의 構文과 意味 Ⅰ』, 法文社, 1988년 10월(공역)

김현석 金鉉場

소속 : 광주대 일본어학과 교수, 일본고대문학 전공
대표업적 : ① 논문 : 「三國史記와 日本書紀의 천변지이 기사의 비교 고찰」, 『일본어
　　　　　　　　　문학』 11집, 한국일본어문학회, 2001년 9월
　　　　　② 논문 : 「記紀神話에 나타난 재앙신과 제사」, 『일본어문학』 13집, 한국
　　　　　　　　　일본어문학회, 2002년 6월
　　　　　③ 역서 : 『일본대표단편선 1~3권』, 고려원, 1996년 9월(공역)

조선총독부 편찬 (1923~1924)

『普通學校國語讀本』 第二期 한글번역 ❺ (6학년용)

초판인쇄 2014년 5월 29일
초판발행 2014년 6월 7일

역   자 김순전 · 박장경 · 김현석
발 행 인 윤석현
발 행 처 제이앤씨
등록번호 제7-220호
책임편집 김선은
마 케 팅 권석동

우편주소 132-702 서울시 도봉구 창동 624-1 북한산현대홈시티 102-1106
대표전화 (02) 992-3253(대)
전   송 (02) 991-1285
홈페이지 www.jncbms.co.kr
전자우편 jncbook@hanmail.net

ⓒ 김순전 · 박장경 · 김현석, 2014. Printed in KOREA.

ISBN 978-89-5668-424-6 94190   정가 18,000원
     978-89-5668-429-1 (전3권)